기독교 학교, 교회에서의 인사행정

김성중

민영사
예사람

머리말

“인사가 만사다”라는 말이 있다. 그만큼 사람을 선발하는 것이 중요하고 힘들다는 뜻이다.

현대 조직에서 1인 기업 빼고는 2인 이상이 함께 일하고 있다. 따라서 함께 협력해서 같이 일 할 수 있는 사람을 선발하는 것이 무엇보다 중요하다. 함께 협력해서 일 할 수 있는 사람을 제대로 선발하지 못할 경우는 조직의 운영과 발전에 큰 저해요소가 될 수밖에 없다.

좋은 사람을 선발하는 것은 쉽지 않다. 그리고 조직에 필요한 “좋은 사람”의 기준이 다르기에 어떤 사람을 선발할 것인지 그 선발 기준을 마련하는 것도 쉽지 않다. 또한 인사행정에 대해서 살펴볼 때, 단순히 사람을 선발하는 것이 인사행정의 전부인지도 생각해보아야 한다.

전통적인 개념에서의 인사행정은 사람을 선발하는 것이 목적이었으나, 이제는 사람을 선발하고, 적절한 자리와 업무에 배치하고, 그 사람이 자신의 가능성을 최대한 발휘할 수 있도록 문화를 조성하는 것도 중요하다. 그리고 합리적인 평가와 관리 시스템을 만들어서 일에 대한 성과를 객관적으로 검증하고 이에 대해 보상하는 것도 필요하다. 자신의 가능성을 최대한 발휘하지 못할 경우에는 일의 내용과 자리를 변경시키는 조정의 부분도 인사행정에서 중요한 부분이다. 그리고 이러한 인사행정 시스템 안에서 조직이 원활하게 잘 운영되고, 구성원들이 주인의식을 가지고 최선을 다해 일을 잘 감당할 때에는 신뢰의 문화 가운데 구성원들에게 조직의 운영을 맡기는 위임의 부분도 인사행정에서 중요하게 다뤄야 하는 부분이다.

간략하게 인사행정의 내용을 표로 요약하면 다음과 같다.

인사행정

선발

▼

자리 및 업무 배치

▼

문화 조성 **업무추진** 합리적인 평가, 관리 시스템 ······ 보상

▼

조정 일의 자리와 내용변경

▼

위임

본 책에서는 넓은 범위로서의 인사행정에 대해서 살펴보도록 하겠다. 인사행정의 세부 내용에 있어서 선발에 관한 내용, 배치에 관한 내용, 업무추진에 관한 내용, 조정에 관한 내용, 위임에 대한 내용을 담도록 하겠다. 중요한 것은 기독교교육의 관점에서 인사행정 전반을 살펴보도록 하겠다.

기독교교육의 관점에서 인사행정을 살펴본다는 뜻은 기독교교육이 구체적으로 이루어지는 조직인 기독교 학교, 교회라는 기독교교육의 장(field)을 염두하면서 살펴본다는 뜻이고, 기독교적인 가치와 철학을 기준으로 살펴본다는 뜻이다. 따라서 본 책에서는 기독교 학교의 인사행정, 그리고 교회의 인사행정을 고려하면서 살펴보도록 하겠다.

행정학은 리더의 입장에서 조직 운영에 관한 내용을 제시하는 학문이다. 그래서 '행정'을 다른 말로 바꾸면 '리더십'으로 바꿀 수 있다. 리더십을 정의함에 있어서 중요한 단어는 바로 '목표,' '영향력,' '설득'이다. 따라서 리더십은 조직의 리더가 구성원들에게 목표를 제시하고, 그 목표대로 나아갈 수 있도록 구성원들에게 영향력을 주어 설득하는 과정이라고 말할 수 있다. 따라서 인사행정도 리더의 입장에서 인사 부분에 대한 리더십을 말하는 것이다. 교회라는 조직의 장에서는 담임목사의 입장에서 목회자, 직원, 구역장, 권찰, 각 부 임원, 선교회 임원 인사 부분에 대한 리더십을 말하는 것이다. 기독교 학교라는 조직의 장에서는 교장의 입장에서 교사 및 직원 인사 부분에 대한 리더십을 말하는 것이다.

차례

Chapter 1
인사행정의 원리

기독교 인사행정의 원리는 합리성의 원리, 체계성의 원리, 민주성의 원리, 전문성의 원리, 공정성의 원리, 융합의 원리, 본질성의 원리이다.

01 합리성의 원리

합리성을 정의함에 있어서 쉬운 방법은 비슷한 단어를 찾는 것이다.

우리가 누군가에 대해서 "저 사람은 합리적이다"라고 말할 때, 비슷한 다른 표현은 "저 사람은 이성적이다" 혹은 "저 사람은 논리적이다"일 것이다. 합리적인 것이 이성적인 것이고, 논리적인 것이기 때문이다. "이성적"인 것은 우리의 머리로 이해 되어지는 것이다. "이성적"의 반대말은 "감성적"이다. "감성적"은 우리의 감정에 의해 좌지우지되는 것을 말하고, "이성적"은 우리의 감정에 의해 좌지우지되지 않고 우리의 생각에 의해 판단되는 것을 말한다. 그리고 "논리적"이라는 말의 뜻은 원인과 결과가 자연스럽게 연결이 되는 것이다. 원인에 따른 결과가 나오는 것이다. 원인에 따른 결과가 나오지 않는 것을 "비논리적"라고 말하는 것이다. 따라서 인사행정에 있어서 합리성의 원리는 감정에 의해 판단하지 않고, 깊은 사유에 의한 판단이 진행되며, 원인이 되는 데이터를 가지고 결과를 도출하는 행동 방식을 말하는 것이다.

예를 들어서 사람을 선발하는 데 있어서 자신의 감정에 의해서 마음에 든다고 선발하는 것은 합리성의 원리에서 위배 되는 것이다. 또한 원인이 되는 여러 데이터가 있는데도 그 데이터를 기준으로 해서 사람을 평가하는 것이 아니라, 자신의 선입견에 의해서 사람을 평가하는 것은 합리성의 원리에서 위배 되는 것이다. 감정에 의해 좌지우지되면 안 되고, 데이터에 의해 판단을 할 수 있어야 인사행정에서 합리성의 원리를 적용한 것이 된다.

02 체계성의 원리

'체계성' 은 단계를 밟는다는 뜻이다. 그래서 "우리 교회는 체계적인 교회야"라는 말은 "우리 교회는 단계를 밟아서 일하는 교회야"라는 뜻이다. 그래서 인사행정에 있어서 단계를 밟아나가는 것이 중요하다.

인사행정은 쉬운 일이 아니다. 잘못된 인사행정으로 인해 조직은 위기를 맞게 된다. 그렇기에 인사행정은 신중하게, 그리고 단계를 밟아서 이루어져야 하는 것이다. 예를 들어, 사람을 선발하는 경우에 있어서도 이력서를 받고 한 번에 사람을 선발하는 것이 아니라, 몇 차례에 걸쳐서 철저하게 지원한 사람을 검증할 수 있는 인사행정의 단계가 있어야 하는 것이다.

03 민주성의 원리

'민주적(democratic)' 인 것은 '참여적(participative)' 이라는 뜻이다.

그래서 "우리 교회는 민주적인 교회야"라는 말의 뜻은 "우리 교회는 성도들이 의사결정과 교회운영에 참여하는 교회야"라는 뜻이다.

리더 혼자서 의사결정을 내리는 것은 민주성의 원리에서 위배 되는 것이다. 리더가 다양한 구성원들의 의견을 듣는 구조가 되어 있어야 하며, 구성원들이 의사결정에 참여할 수 있는 문화가 형성되어 있어야 하는 것이다. 인사행정에 있어서 민주성의 원리는 리더 혼자서 인사행정에 모든 책임을 지고, 인사행정을 추진하는 것이 아니라는 뜻이다. 구성원과 함께 인사행정시스템을 만들고, 인사행정에 대한 분업이 이루어지고, 인사행정에 대한 책임을 구성원과 함께 져야 하는 것이다. 사람을 선발함에 있어서도 리더가 자신의 마음에 드는 사람만 선발하는 것이 아니라, 구성원들도 선발에 대한 의사결정에 참여하게 하고, 구성원들과 협업해서 조직에 적합한 사람을 선발해야 하는 것이다.

예를 들어, 교회에서 부목사를 선발함에 있어서 담임목사의 마음에 드는 사람을 선발해야 담임목사가 편하게 일을 할 수 있기는 하지만, 장로들을 비롯한 교회 구성원들의 의견을 청취하고, 그들의 의견을 선발에 있어 반영할 수 있어야 한다.

04 전문성의 원리

인사행정은 전문적인 영역이다. 인사행정은 감정이 흐르는 대로 혹은 직관에 의해서 순간적으로 이루어지는 것이 아니다. 인사행정은 전문적인 연구가 이루어지는 학문이다.

인사행정에 있어서 전문성의 원리를 가장 쉽게 설명하면 인사행정을 알고 있는 전문가가 인사행정을 해야 한다는 것이다. 물론 모든 조직의 리더가 인사행정을 배우고 공부하고 인사행정을 하는 것은 아니다. 그리고 배우고 공부하지 않은 사람도 인사행정을 잘 해내는 사람이 있다. 그러나 그것은 열의 하나 정도이다. 전문적으로 공부하고 인사행정을 한다면 시행착오 없이 더 잘 할 수 있다. 그렇기에 인사행정에 최종책임을 가지고 있는 리더는 인사행정을 공부해야 한다. 인사행정을 공부하고 조직 상황에 맞게끔 적용해서 인사행정을 실천할 수 있어야 한다.

05 공정성의 원리

인사행정의 원리에서 공정성은 중요하다. 공정성은 조직 구성원들이 공평하게 느끼게 하는 것을 뜻한다. 인사행정을 하는데 조직 구성원들이 차별받는다고 느낀다면 그 조직은 평안할 수가 없다. 그리고 조직 구성원들이 차별받는다고 느낀다면 그 조직은 경쟁적인 조직이 될 수밖에 없고, 구성원들 사이에서 분위기가 좋을 수가 없다. 그리고 그 조직에 대한 주인의식을 잃어버리게 되고, 결국은 구성원들이 그 조직에서 이탈하게 된다.

예를 들어, 부목사가 두 명 있는 교회에서 한 명이 차별받는다고 느낀다면 그 한 명은 자신이 담임목사에게 인정받기 위해 더 열심히 일하게 될 것이다. 그러면서 동료 부목사를 협력자가 아니라 경쟁자로 인식하게 되고, 서로 갈등할 소지가 많아지게 될 것이다. 열심히 했는데도 계속 차별받는다고 느낀다면 그 부목사는 교회 사역에 대한 헌신도가 떨어질 수 밖에 없고, 결국은 마음의 상처를 가진 채 그 교회를 그만두게 될 것이다.

인사행정의 모든 영역에서 구성원들이 공평하게 느낄 수 있는 공정성의 원리가 적용되어야 한다.

06 융합의 원리

인사행정에 있어서 융합의 원리는 이론과 실제가 융합되는 것이다.

인사행정은 전문적인 학문의 영역이다. 따라서 인사행정에 있어서 이론이 있다. 그러나 인사행정은 이론으로서 끝나서는 아무 의미가 없다. 인사행정의 이론은 현장에 적용되어야 한다. 물론 현장마다 특성이 다르기에 일괄적으로 똑같이 적용하기는 힘들다. 따라서 인사행정의 이론을 현장의 특성에 맞게끔 재해석해서 각각의 현장에 실제적으로 적용되어야 한다.

인사행정은 이론과 실제가 융합되어야 하기 때문에 융합의 원리가 필요한 것이다.

07 본질성의 원리

특히 기독교 인사행정에 있어서는 본질성이 너무나도 중요하다.

우리가 붙잡아야 하는 본질은 복음, 예배, 믿음, 인격, 윤리 등이다. 다른 여타의 것이 뛰어나지만 본질적인 것에서 문제가 발생된다면 인사행정이 더 이루어져서는 안 된다는 것이다.

예를 들어, 교회 각 부서 부장을 임명하는 데 있어서 한 집사가 인간관계능력도 뛰어나고, 섬김도 잘 하고, 많은 좋은 면을 가지고 있더라도 예수님을 믿는 믿음에 있어서 큰 문제가 발견된다면 부장으로 임명하면 안 된다.

또 다른 예를 들면, 부목사가 사역을 함에 있어서 설교도 잘 하고, 영상 촬영 및 편집의 능력도 가지고 있고, 찬양도 잘 하지만, 복수의 성도들로부터 "그 목사는 인격에 문제가 있다"는 이야기가 들려오고 이와 관련된 문제가 발생한 것이 정확히 드러나면 사역을 계속하게 할 수 없는 것이다.

기독교 인사행정이 일반 인사행정과 갈라지는 지점이다. 아무리 어떤 사람이 모든 능력을 갖추고 있어도 기독교 신앙과 가치, 철학에 문제가 있다면 선발하면 안 되고, 계속 일 할 수 있게 하면 안 되는 것이다. 물론 기독교 신앙의 가장 중요한 가치인 사랑에 의해서 품어주고 용서해주고 변화될 기회를 주는 것은 필요하지만, 행동수정이 되지 않을 경우에는 멈출 필요가 있는 것이다.

Chapter 2

선발의 기준: 좋은 교사, 좋은 목회자

01 좋은 교사는?

기독교 학교에서 좋은 교사를 선발하는 것은 너무나 중요하다. 좋은 학교는 건물과 시설이 좋은 학교가 아니다. 좋은 학교는 좋은 교사가 있는 학교이다.

그럼 기독교 학교에서 선발해야 하는 좋은 교사는 누구인가?

첫째, 좋은 교사는 전인적으로 성숙된 사람이다. 전인(全人, whole person)의 구성요소는 영성, 지성, 감성, 의지, 체력이다. 하나님과 교제하는 능력인 영성이 뛰어나고, 지적인 탁월함을 가지고 있고, 감정에 있어 평안함을 유지할 수 있고 타인을 공감할 수 있는 능력이 있는 교사가 좋은 교사이다. 그리고 목표를 세우면 추진해나가며 달성할 수 있는 의지를 가지고 있고, 교육 사역을 감당함에 있어 불편함이 없는 체력을 가지고 있는 교사가 좋은 교사이다.

둘째, 좋은 교사는 좋은 성품을 가지고 있는 사람이다. 기독교에서 말하는 좋은 성품의 내용은 바로 갈라디아서 5장 22~23절에 나오는 성령의 9가지 열매이다. 사랑, 희락, 화평, 오래참음, 자비, 양선, 충성, 온유, 절제가 바로 좋은 성품의 구성요소이다. 학교 구성원 모두를 품고 예수님의 사랑으로 사랑할 줄 알고, 삶의 기쁨이 있으며, 평화할 수 있는 교사가 좋은 교사이다. 부정적인 감정을 참아낼 수 있고, 학생들을 기다려줄 수 있는 오래참음이 있는 교사가 좋은 교사이다. 그리고 용서할 수 있는 자비가 있고, 어렵고 힘든 학생들을 도와주는 양선이 있고, 맡겨진 일은 최선을 다할 수 있는 충성이 있는 교사가 좋은 교사이다. 그리고 만나는 학생, 동료 교사들에게 친절을 베풀 수 있는 온유가 있고, 자신의 나쁜 습관은 끊어내고 학생들의 잘못된 습관도 끊어낼 수 있는 절제가 있는 교사가 좋은 교사이다.

셋째, 자신이 가르치는 과목에 대한 전문성과 실력을 갖추고 있는 사람이다. 다른 모든 것을 갖추고 있어도 자신이 가르치는 과목에 대한 전문성과 실력을 갖추고 있지 못하다면 좋은 교사라고 말할 수 없을 것이다. 따라서 좋은 교사는 자신이 가르치는 과목에 대한 전문성과 실력을 갖추고 있어야 하고, 더 나아가 계속 발전할 수 있도록 연구하고 공부해야 한다. 전문성과 실력은 가르치는 과목의 내용을 잘 알고 있는 전문성과 실력뿐만 아니라, 그 내용을 학생들에게 잘 전달할 수 있는 전문성과 실력을 말한다. 많은 학생들이 학교에서 강의를 듣는 것 이외에 학원에 가서 학원 교사들의 강의를 듣는다. 학생들이 학원에 가는 이유는 학원 교사가 과목 내용을 잘 전달하기 때문이라고 말한다. 따라서 학교 교사는 과목 내용을 잘 알고 있는 것을 넘어서서 그 과목 내용을 학생들의 눈높이에 맞춰서 잘 전달하고 설명할 수 있는 능력을 갖추고 있어야 한다.

넷째, 관계 지향적인 사람이다. 학교는 혼자 있는 곳이 아니다. 학생들과 함께 있고, 동료 교사들과 함께 있는 곳이다. 그렇기에 좋은 교사는 관계 지향적인 사람이어야 한다. 학생들과 함께 어울릴 수 있는 사람이어야 하고, 학생들 한 명 한 명에게 관심을 가지고 그들의 이야기를 적극적으로 들어줄 수 있는 사람이어야 한다.

그래서 좋은 교사는 학생들에게 다가가서 다음의 6가지 역할을 해 줄 수 있어야 한다. 그 6가지는 바로 '교사, 역할모델, 지원자, 상담자, 친구, 선배'이다.[1] '교사'로서의 역할은 과목을 가르치고, 훈육하는 역할이고, '역할모델'로서의 역할은 학생들에게 모범을 보이는 역할이고, '지원자'로서의 역할은 필요한 부분을 도와주는 역할이다. '상담자'로서의 역할은 학생들의 이야기를 들어주는 역할이고, '친구'로서의 역할은 함께 어울리고 놀아주는 역할이고, '선배'로서의 역할은 인생의 선배로서, 학생들의 삶의 과정을 먼저 걸어간 자로서 다가가는 역할이다. 관계 지향적인 교사는 학생들과의 관계에서 이 6가지의 역할을 제대로 감당할 수 있다.

이뿐만이 아니라, 좋은 교사는 동료 교사들과의 관계도 잘 하는 교사이다. 학교는 뛰어난 교사 한 명이 혼자 잘 한다고 움직여지는 것이 아니다. 학교는 조직이기 때문에 교사들이 함께 힘을 합치고 협력해서 나아가는 것이다. 따라서 좋은 교사는 다른 동료 교사들을 인정하고 존중하는 가운데 협력적인 리더십을 발휘할 수 있는 교사이다.

---

1) 김성중, "신학교 진로교육을 위한 멘토링 프로그램에 관한 연구," 『선교와 신학』 제39집 (2016), 51.

일반교육학에서 말하는 학교에서 필요한 좋은 교사는 어떤 교사일까? 교육행정학에서 교사 평가의 중요한 기준으로 사용하는 마르자노 평가 모델(Marzano Evaluation)에서 제시한 4가지 평가의 영역을 통해서 좋은 교사가 어떤 교사인지 파악할 수 있다. 마르자노 평가 모델에서 제시한 4가지의 평가의 영역은 "학급운영전력과 학급에서의 행동, 수업 준비와 계획, 수업 때 사용하는 자료와 장비, 학생들의 학업 성취도 평가와 학생들의 전문적인 능력을 신장시키려는 계획, 긍정적인 학교 환경을 만들고 생각과 전략을 교사끼리 서로 교환하고 학교 발전을 위해 노력하는 면에서의 '교사끼리의 협조와 전문성'"이다.[2)]

좋은 교사는 첫째, 전문적인 학급운영전략을 가지고 학급 안에서 적절하게 행동하는 교사이다. 교사는 자신 만의 전문적인 학급운영전략을 가지고 있어야 하며, 학급 안에서 일어나는 다양한 일들에 대해서 적절하게, 적합하게 대처하고 행동할 수 있어야 한다.

둘째, 수업 준비와 수업 계획을 철저하게 하며, 수업 때 사용하는 자료를 학생들의 눈높이에 맞게 제공하는 교사이다. 교사는 수업을 즉흥적으로 하는 사람이 아니라, 철저한 준비와 계획 가운데 해나가야 하는 사람이다. 따라서 좋은 교사는 자신이 무엇을, 어떻게 가르쳐야 하는지를 정확하게 알고 있으며 수업 준비와 수업 계획을

---

2) 김성중, 『기독교교육행정학의 이론과 실제 (개정판)』 (서울: 민영사, 2018), 105.

철저하게 한다. 그리고 수업 때 사용하는 자료를 학생들의 눈높이에 맞게 제작해서 제공하는 교사가 좋은 교사이다.

셋째, 학생들의 학업 성취도를 높이고, 학문적인 부분에서 학생들을 발전시킬 수 있는 능력이 있는 교사이다. 좋은 교사는 학생들의 학업 성취도를 높일 수 있어야 한다. 학교는 학생들이 학업을 하는 곳이고, 학문을 배우는 곳이다. 그렇기에 좋은 교사는 학생들의 학업 성취도를 높이기 위해 최선을 다해 노력해야 하고, 실제로 학업 성취도를 높일 수 있어야 한다. 그럼으로써 학생들이 학문적인 부분에서 더 발전하고 지적 능력을 향상시킬 수 있어야 한다. 우리나라의 학교에서는 이 부분이 정말 중요하다. 입시 위주의 사회 안에서는 학생들이 좋은 대학에 진학하는 목표로 열심히 공부한다. 따라서 학생들을 열심히 교육해서 학업 성취도를 높이고, 학생들 본인이 원하는 대학과 과에 진학시키는 결과를 내는 교사가 좋은 교사로 여겨진다.

넷째, 자신의 생각과 아이디어, 전략을 동료 교사와 나누고, 학교 발전을 위해 협력할 수 있는 능력을 갖춤으로 말미암아 긍정적인 학교 환경을 만드는 교사이다. 학교는 혼자 일하는 곳이 아니라 다른 동료들과 함께 일하는 곳이다. 따라서 혼자서 독불장군식으로 하면 안 된다. 자신의 생각이나 아이디어, 그리고 다양한 교육 전략을 동료 교사들과 나누고, 학교 발전이라는 목표를 위해 함께 협력할 수 있는 협력과 협동의 능력을 갖춘 교사가 좋은 교사이다.

일반 학교에서 필요한 좋은 교사의 내용을 참고하면서 위에서 제시한 기독교 학교에서 필요한 좋은 교사의 내용과 비교해보면 좋은 공부가 될 수 있다.

02 좋은 목회자란?

기독교 학교와 마찬가지로 교회에서도 목회자를 선발해야 한다. 학교와 마찬가지로 좋은 목회자가 있는 교회가 좋은 교회가 되는 것이다. 교회에서 선발해야 하는 좋은 목회자란 누구인가? 내용은 위의 교사와 크게 차이가 나지 않는다.

첫째, 좋은 목회자는 전인적으로 성숙된 사람이다. 전인(全人, whole person)의 구성요소는 영성, 지성, 감성, 의지, 체력이다. 하나님과 교제하는 능력인 영성이 뛰어나고, 지적인 탁월함을 가지고 있고, 감정에 있어 평안함을 유지할 수 있고 성도들의 삶을 공감할 수 있는 능력이 있는 목회자가 좋은 목회자이다. 그리고 목표를 세우면 추진해나가며 달성할 수 있는 의지, 교회에서 꼭 필요한 일들을 솔선수범에서 해 나갈 수 있는 의지를 가지고 있고, 목회 사역을 감당함에 있어 불편함이 없는 체력을 가지고 있는 목회자가 좋은 목회자이다.

실전 목회에서 "목회는 체력"이라는 말이 있다. 주일예배뿐만 아니라, 새벽기도회, 저녁예배, 철야기도회도 인도해야 하며, 많은 사람들을 만나고 심방하고 상담해야 하며, 경조사에도 가야 한다. 목회자의 삶을 보았을 때 체력은 너무나도 중요하고, 체력관리를 위해 운동도 하고, 식단도 관리하는 등 자기 관리를 할 수 있는 능력이 있어야 한다.

둘째, 좋은 목회자는 좋은 성품을 가지고 있는 사람이다. 위의 좋은 교사에서 살펴본 것처럼 사랑, 희락, 화평, 오래참음, 자비, 양선, 충성, 온유, 절제를 가지고 있는 목회자이다. 성도들을 품고 예수님의 사랑으로 사랑할 줄 알고, 삶의 기쁨이 있으며, 평화할 수 있는 목회자, 부정적인 감정을 참아낼 수 있고, 성도들의 신앙 성장을 기다려줄 수 있는 오래참음이 있는 목회자가 좋은 목회자이다. 자신을 힘들게 하는 성도들도 용서할 수 있는 자비가 있고, 가정 형편이 힘들거나 몸이 아픈 성도들에게 더 관심을 가지고 도와주는 양선이 있고, 맡겨진 사역은 최선을 다할 수 있는 충성이 있는 목회자가 좋은 목회자이다. 또한, 개인적으로 내 마음에 드는 성도든지 아니든지 간에 친절을 베풀 수 있는 온유, 동료 목회자들에게도 친절하게 다가가는 온유가 있는 목회자가 좋은 목회자이다. 마지막으로 자신의 나쁜 습관은 끊어내고 성도들의 잘못된 습관도 끊어내는 절제가 있는 목회자가 좋은 목회자이다.

셋째, 목회자의 사역에 대해 전문성과 실력을 갖추고 있는 사람이다. 목회자는 자신의 사역에 대한 전문성과 실력을 갖추고 있어야 하고, 더 나아가 계속 발전할 수 있도록 연구하고 공부하고 노력해야 한다. 예배 인도, 설교, 상담, 심방, 찬양 인도, 사무 등 자신이 맡은 사역을 잘 해낼 수 있는 전문성과 실력을 갖추고 있어야 한다. 처음부터 다 잘 할 수 없기에 계속 배우고 경험하면서 성장할 수 있어야 한다.

넷째, 관계 지향적인 사람이다. 교회는 목회자 한 명이 혼자 사역하는 곳이 아니라, 성도들과 함께 있고, 동료 목회자들과 함께 있는 곳이다. 따라서 좋은 목회자는 관계 지향적인 사람이어야 한다. 성도들 한 명 한 명에게 관심을 가지고 그들의 영적인 필요를 채워줄 수 있어야 하고, 성도들과 함께 협업해서 사역을 감당할 수 있어야 한다. 목회자라고 혼자가 다 결정하고 혼자서 앞서 나가는 것이 아니라, 성도들과 함께 할 수 있는 협력적인 리더십을 갖추고 있어야 한다. 이뿐만이 아니라, 좋은 목회자는 동료 목회자들과의 관계성도 중시하는 목회자이다. 목회자 혼자 있는 교회가 아닌 이상 교회는 다른 동료 목회자들과 함께 힘을 합치고 협력해서 나가는 것이다. 담임목사의 목회철학을 고려하고 따르면서 일을 해 나가는 것이다. 따라서 좋은 목회자는 다른 동료 목회자를 존중하고, 그들의 이야기와 의견을 경청하는 가운데 서로 협동할 수 있어야 한다. 교회는 하나님께서 주인 되신다는 사실을 꼭 기억하면서 겸손하게, 서로 협력하면서 나아가야 하는 것이다.

Chapter 3
선발의 과정

01 교사 선발 과정

기독교학교에서 교사를 선발하는 과정은 교사 선발을 위한 시스템을 만드는 것이다. 교사 선발을 위한 시스템이 없는 학교는 객관적인 검증 절차 없이 교사가 선발될 우려가 있고, 한두 사람의 영향에 의해서 선발될 우려가 있다. 따라서 교사 선발을 위한 시스템을 먼저 만들어야 한다.

교사 선발을 위한 시스템은 교사 선발을 위해 내부에 어떤 조직을 구성할 것인지, 그리고 어떤 절차에 의해서 교사를 선발할 것인지 등을 체계화하는 것이다. 이러한 시스템은 문서화 되고, 교사를 선발할 때마다 같은 방식으로 진행되어야 한다. 교사 선발 과정에서는 일관성과 체계성이 정말 중요하다. 일관성은 같은 시스템을 언제나 적용하는 것이고, 체계성은 교사 선발하는 것을 단계를 거쳐서 진행하는 것이다.

교사 선발 과정을 위해 내부 조직을 만들어야 하는데, 내부 조직은 두 개로 만들 수 있다. 하나는 교사선발위원회이고, 또 하나는 최종선발팀이다. 교사선발위원회에서 교사선발을 위한 계획을 세우고, 문서를 만들고, 공고를 내고, 서류를 받아 심사하고, 면접 시행을 통해서 최종 후보 3명을 추려내는 역할을 한다. 그리고 최종선발팀에서는 최종 후보 3명 중에 1명을 최종 선발하는 역할을 한다. 미국 학교의 경우에는 교사선발위원회, 최종선발팀 외에 교사선발에 필요한 조건들을 체크하고, 준비하며, 직무내용표를 만들고, 다양한 교사 모집 방법을 마련하고 공고하는 역할을 하는 교사선발전담팀을 두기도 하지만, 조직을 단순화해서 교사선발위원회에서 교사선발전담팀이 하는 역할을 감당할 수 있다. 요즘 인사행정의 경향은 내부 조직을 늘리기보다 통합해서 운영한다.

(1) 교사선발위원회

1) 구성

교사선발위원회는 교사선발을 실제적으로 감당하는 부서가 된다. 교사선발위원회에는 학년 별 주임 교사, 직원 대표, 학부모 대표, 학생 대표, 지역사회 리더들 (학교 이사들)이 들어갈 수 있다. 10명 내외로 구성할 수 있다.

2) 역할

교사선발위원회의 업무는 첫째, 교사선발과정을 세우는 것이고, 둘째, 교사모집에 필요한 직무내용표(Job Description)을 만드는 것이고, 셋째, 선발 자격 우선순위를 마련하는 것이고, 넷째, 다양한 교사 모집의 방법을 마련해서 공고하는 것이고, 다섯째, 지원자들을 심사해서 최종 3명으로 추리는 것이다.

① 교사선발과정 세우기

교사선발과정은 세부적으로 세워야 한다. 어느 과목의 교사를 몇 명 선발할 것인지, 모집 기간은 언제 할 것인지부터 시작해서 교사선발에 필요한 직무내용표는 어떻게 만들 것이지, 교사 모집 방법은 어떤 것을 할 것인지, 지원자들의 서류는 어떤 것들을 받을 것인지, 면접은 어떤 방식으로 진행할 것인지 등 교사선발과정에 관한 모든 것을 세우는 일을 하게 된다. 교사 선발은 학교에 새로운 구성원이 들어오는 가장 중요한 일이기 때문에 교장, 이사장과 같은 학교의 최종 리더들은 교사선발위원회에 권위를 실어주어야 하고, 다른 학교 구성원들은 교사선발위원회가 결정하는 사항을 존중하고 잘 따라야 한다.

② 교사 모집에 필요한 직무내용표(Job Description) 만들기

교사를 구체적으로 모집하기 위해서는 직무내용표를 자세하게 만드는 것이 정말 중요하다. 직무내용표에는 교사가 어떤 직무를 해야 하는지에 대한 내용이 들어있고, 일을 하기 위한 조건들, 학교에 대한 정보, 일을 함에 있어서 받는 사례 및 대우에 대한 내용이 들어있다. 구체적으로 학교에 오면 어떤 일을 하게 되는지에 대한 일의 종류와 세부적인 내용, 일을 함에 있어서 반드시 해야 하는 의무사항과 책임을 져야 하는 부분들에 관한 내용, 일을 하기 위해 필요한 학위, 수료증, 자격증과 같은 자질들, 학교의 위치와 학교의 상황에 관한 내용, 봉급 및 보너스, 복지 등에 관한 내용, 일 하는 요일과 시간, 휴일, 채용되었을 때 일 하는 시작 날짜 등이 기록되어 있다. 직무내용표는 학교의 입장에서 새로 선발되는 교사가 어떤 일을 구체적으로 해야 하는지를 정리하는 데에 도움이 되고, 지원자 입장에서는 어떠한 혜택을 받으면서 어떤 일을 해 나가야 하는지를 이해하는 데에 도움이 된다. 즉 직무내용표는 선발하는 학교나 지원하는 교사 모두에게 채용에 관한 중요한 정보를 제공하는 것이다. 교사선발위원회에서는 직무내용표에 부합하는 지원자를 선별하는 작업을 하는 것이다.

이 직무내용표는 채용 공고할 때 오픈되어서 지원자들이 보고 지원할지 말지를 결정하게 되는 것이다.

③ 선발 자격 우선순위 마련

선발 자격 우선순위를 마련하는 것은 학교가 원하는 교사상을 정립하는 것이다. 교사로서 가져야 하는 여러 가격이 있는데 그중에 우선순위를 무엇으로 할 것인가를 정하는 것이다. 먼저는 서류심사에 있어서 학위나 자격증에 우선순위로 둘 것인지, 대학교 학점에 우선순위를 둘 것인지, 대학 때 활동한 봉사활동이나 인턴십 경험에 우선순위를 둘 것인지, 자기소개서에서 나타나는 성격이라든지 가치관에 우선순위를 둘 것인지, 기독교 학교이기에 신앙적인 부분에 우선순위를 둘 것인지를 정해야 하는 것이다. 이 선발 자격 우선순위 마련에 따라 지원서류도 정해질 수 있다. 예를 들어 기독교 학교이기에 신앙적인 부분에 우선순위를 둘 경우에는 신앙고백서나 교회봉사경력서, 목회자 추천서를 제출하게 할 수 있고, 선발의 과정 중에 성경지필고사나 성경의 내용을 얼마나 알고 있는지에 대한 면접을 볼 수 있는 것이다. 기독교 학교로서 정체성을 잘 유지할 수 있도록 무늬만 크리스천이 아닌, 앎과 삶이 일치하는 좋은 크리스천, 신앙생활을 잘 하고 있는 바른 크리스천을 선발하는 부분은 아주 중요하다.

④ 다양한 교사 모집 방법 마련 및 교사 모집 홍보

좋은 교사를 선발하기 위해서는 지원자가 많아야 한다. 지원자가 많기 위해서는 교사 모집에 대한 홍보가 잘 되어야 하는 것이다. 따라서 교사선발위원회에서는 다양한 교사 모집 방법을 마련하고 교사 모집 홍보를 할 수 있어야 한다. 교사 선발은 공개채용이지만, 추천이 심사에 있어서 하나의 전형요소가 될 수 있기에 학교 구성원들이나 학교의 관계자들이 주변에 좋은 교사의 자질을 가지고 있는 사람을 알고 있다면 추천할 수 있는 시스템도 마련되어야 한다.

교사선발위원회는 교사 모집 방법을 계속 발전시키기 위해 다른 기독 사립학교, 일반 사립학교들은 어떻게 교사를 모집하고 있는지를 배울 수 있어야 하고, 교사 모집에 관한 연수나 교육이 있다면 참여할 수 있어야 한다. 그리고 교사 모집 방법은 전통적인 방법들도 있지만 시대의 변화에 따라 창의적인 방법들이 계속 마련될 수 있기에 교사선발위원회 구성원들이 서로 머리를 맞대고 이야기를 나누고 아이디어를 공유할 수 있어야 한다. 더 나아가 학교의 젊은 교사들이 지원자 눈높이에 맞는 모집방법을 많이 알 수 있기에 젊은 교사들의 아이디어를 듣고 적극적으로 반영할 수 있어야 한다.

교사 모집의 구체적인 방법은 첫째, 기독 대학교를 방문해서 홍보하는 것이다. 기독 대학교 사범대학과 좋은 관계를 유지하도록 노력하고 직접 학교에 가서 홍보할 수 있고, 교사 모집 전단지를 배포해서 홍보할 수 있다.

둘째, 교사 취업 관련 인터넷 사이트에 교사 모집을 올리는 것이다. 교사 모집 안내나 학교 소개 영상 등을 올려서 지원자들이 학교를 알고 지원할 수 있도록 도와야 한다.

셋째, 교회에 홍보하는 것이다. 교회 안에서도 교사를 할 수 있는 자격을 갖추고 있는 유능한 청년들이 있다. 그렇기에 교회에도 교사 모집에 대한 홍보를 할 수 있다.

넷째, 학교 홈페이지에 교사 모집 정보를 올리는 것이다. 학교 홈페이지에 교사 모집에 대한 자세한 정보를 올리면 학교 홈페이지에 방문한 사람들을 통해 자연스럽게 교사 모집에 대한 소문이 나게 될 것이다.

다섯째, 다양한 온라인 플랫폼을 통해 교사 모집에 대한 정보를 알리는 것이다. 요즘에는 온라인 플랫폼을 통해 정보를 알리는 것이 가장 쉬우면서 효과적이다. 학교 유튜브(YouTube) 채널에 교사 모집 홍보 영상을 올릴 수 있고, 학교 블로그, 페이스북, 카페, 인스타그램 등에 교사 모집에 대한 정보를 올릴 수 있다. 이뿐만이 아니라 학교 구성원 개인 블로그, 페이스북, 카페, 인스타그램에도 교사 모집에 대한 정보를 올릴 수 있다.

교사 모집에 대한 구체적인 방법은 시대에 따라 달라질 수 있고, 계속 창의적인 방법이 만들어질 수 있기에 어떤 방법에 우선순위를 정할 것인지에 대한 부분을 교사선발위원회가 심사숙고해서 결정할 수 있어야 한다. 그리고 교사 모집에 대한 정보를 올릴 때에도 창의적인 내용과 신선한 디자인을 담을 수 있어야 한다. 대부분 교사 모집에 대한 정보를 보면 천편일률적으로 딱딱하다. 따라서 요즘 젊은 사람들의 눈높이에 맞도록 교사 모집에 대한 정보를 담은 문구도 따뜻한 감성이 느껴질 수 있도록 하고, 교사 모집에 대한 정보를 읽고 있는 사람들이 존중받는다는 느낌을 받을 수 있도록 해야 한다. 그래서 교사 모집에 대한 정보를 읽고 적극적으로 지원하고 싶은 마음이 들게끔 해야 한다.

이뿐만이 아니라, 요즘 젊은 사람들은 내용을 담는 그릇인 디자인을 중요하게 본다. 따라서 교사 모집에 관한 정보를 담은 포스터 파일을 만든다든지, 카드 뉴스 형식의 소개 파일을 만든다든지 할 때 전문적인 디자인 업체에 맡겨서 세련된 디자인, 교사로 지원할 수 있는 대상들의 눈높이를 맞춘 디자인이 될 수 있도록 해야 한다. 교사 모집이 제대로 되면 더 좋은 지원자들이 많이 지원할 수 있는데, 교사 모집이 잘 안 되어서 지원자가 적다면 정말 안타까운 일일 것이다.

⑤ 지원자 심사

보통 지원자 심사는 두 단계의 과정으로 이루어질 수 있다. 첫 번째 단계의 심사는 모든 지원자들을 대상으로 서류 심사를 하는 과정이고, 이 서류 심사를 통해서 6명 정도의 후보자를 선별하게 된다. 그리고 두 번째 단계의 심사는 6명 정도의 후보자를 대상으로 부가적인 서류 심사와 면접을 통해서 3명 정도의 후보자를 선별하게 된다. 그리고 최종 3명의 후보자들을 최종선발팀에 보내서 최종 1명을 결정하게 한다.

지원자들을 심사하기 위해서는 지원자들로부터 받을 서류가 중요하다. 첫 번째 단계 심사는 서류 심사이기 때문에 기본적인 서류를 지원들로부터 제출하게 한다. 첫 번째 단계 심사는 모든 지원자들이 제출한 서류를 가지고 심사하게 된다. 지원자들이 제출할 서류는 교사 지원서(학교 양식), 자기소개서, 이력서, 대학교 성적증명서 및 졸업증명서, 교사 자격증, 교사 자격증 이외의 자격증, 전문적인 교사 세미나 및 교사훈련 프로그램 참가 수료증, 교사 인턴십 참여 증명서, 추천서(일반인), 출석교회 담임목사 추천서, 영어공인시험점수, 세례증명서, 출석교회 주보, 신앙고백서, 주민등록등본(가족관계증명서) 등이 될 수 있다.

구체적으로 살펴보면, 보통 교사 지원서는 학교 양식을 기록하고 출력해서 제출하게 하는 방법이 있거나 학교 홈페이지에 가서 직접 입력하게 해서 제출하는 방법이 있다. 자기소개서는 교사가 되기 위해 어떤 준비를 해 왔는지를 중점적으로 기록하게 하고, 이력서는 경력과 학력을 순서대로 기록하게 하고, 봉사활동, 인턴십 참여, 교사세미나 및 교사 훈련 프로그램 참여, 취득한 자격 등을 기록하게 한다. 대학교 성적증명서 및 졸업증명서는 보통 3개월 이내에 발급받은 것을 제출하게 하고, 교사 자격증과 교사 가격증 이외의 자격증은 사본으로 제출하게 한다.

이 외에 전문적인 교사가 되기 위해 성실하게 준비한 흔적을 보여주는 전문적인 교사세미나 및 교사훈련 프로그램에 참가한 수료증을 제출하게 하고, 교사 인턴십 경험이 있다면 교사 인턴십 참여 증명서를 제출하게 한다. 그리고 자신과 잘 아는 지인 추천서와 출석하고 있는 교회의 담임목사 추천서를 제출하게 하는데 추천서가 추상적으로 기록되거나 장점만 기록되지 않도록 추천서 형식을 학교에서 만들어서 제공해주는 것이 좋다. 추천서 형식에는 지원자의 장점과 단점을 골고루 쓰게 하는 것이다. 그리고 지원자를 정말 잘 알고 있는지에 대한 여부를 확인하기 위해서 지원자와의 관계에서 있었던 일화를 쓰게 하면 좋다. 우리나라는 정이 많은 문화이기 때문에 추천서의 내용이 대부분 좋기에 변별력이 없고, 추천서를 통해 지원자를 정확하게 검증하기가 쉽지 않다. 따라서 학교에서 추천서 형식을 마련하고, 지원자의 장점과 단점을 균형 있게 파악할 수 있는 문항들을 넣어서 최대한 객관적으로 지원자를 검증하기 위해 노력해야 한다.

이 외에도 국제화 시대에 영어는 과목과 상관없이 중요하기에 영어공인시험점수(토익, 토플, 텝스, 아이엘츠 등)를 제출하게 하고, 교인임을 증명하기 위해 세례증명서, 출석교회 주보를 제출하게 한다. 그다음 진짜 신앙을 가지고 있는지를 확인하기 위해 신앙고백서를 제출하게 한다. 그리고 주민등록등본(가족관계증명서)은 신분 확인을 위해서 제출하게 한다.

제출된 서류는 절대평가 방식과 상대평가 방식을 혼용해서 평가해야 한다. 절대평가 방식은 지원자 한 명에게 주목해서 그 사람의 가능성과 한계를 보고 평가하는 것이고, 상대평가는 다른 사람과 비교하면서 누가 우위에 있는지 서열을 매겨서 평가하는 것이다. 비슷한 레벨의 대학의 경우에는 대학교 성적, 그리고 영어공인시험점수, 자격증 종류와 개수, 교사 인턴십 경력, 교사 세미나 및 교사 훈련 프로그램 참여 횟수 등은 쉽게 상대평가가 가능하고, 나머지 서류들은 상대평가와 절대평가를 혼용해서 평가해야 된다.

두 번째 단계 심사에서는 첫 번째 단계 심사에서 선별된 6명 정도를 대상으로 하게 된다.

두 번째 단계 심사에서는 포트폴리오, 에세이, 교안, 동영상을 제출하게 하고, 현장에서 성경 테스트, 면접을 한다. 포트폴리오는 좋은 교사가 되기 위해 지금까지 어떤 노력을 해 왔는지, 어떤 과정을 밟아 왔는지를 한눈에 볼 수 있는 자료이다. 포트폴리오에는 교사가 되기 위해 준비해온 지원자의 인생의 과정이 농축되어 있기에 중요한 심사 자료가 된다.

그리고 에세이는 학교에서 주제와 형식을 주고 쓰게 하는 것이다. 특히 교사의 관점에서 학교에서 일어날 수 있는 문제에 대한 대안을 쓰게 할 수 있고, 학생과의 관계에서 일어날 수 있는 상황에 대해 질문을 하고 이에 대한 대처법을 쓰게 할 수 있다. 에세이를 통해 교사관, 비전, 사명, 성격, 관계지수, 리더십 등을 파악할 수 있다.

교안은 자신의 수업과목 강의에 대한 한 시간짜리 교안을 짜서 제출하게 하는 것이다. 교안을 통해서 교육목표를 잘 세우는지, 적절한 교육방법을 사용하는지, 가르칠 내용에 대한 명확한 이해가 있는지 등을 파악하면서 전문적인 교사로 준비되어 있는지를 확인할 수 있다.

동영상은 강의 시연 동영상이다, 교안 짠 내용 일부를 바탕으로 강의 시연을 영상으로 찍어 제출하는 것이다. 강의 시연 동영상을 10분 정도 요구하면 더 어려운 과제가 될 수 있다. 동영상 길이가 길면 준비하는 사람의 입장에서는 더 쉬울 수 있는데, 짧게 농축하는 것은 훨씬 더 어렵고 그렇기에 평가하는 사람 입장에는 변별력이 있어서 좋다.

그리고 6명 정도의 후보자는 현장에 와서 기본적인 성경 테스트를 하고, 1차 면접을 하게 된다. 1차 면접에는 자기소개서와 이력서를 쓴 내용을 바탕으로 질문을 하고 답하게 하고, 지원동기, 어떤 교사가 될 것인지에 대한 기본적인 내용을 질문한다. 면접을 할 경우 6명이 한 번에 들어가서 하면 지원자의 입장에서는 많은 부담이 되겠지만, 평가자의 입장에서는 비교 평가가 가능하기에 수월할 수 있다.

두 번째 단계 심사 후에 3명의 최종 후보들을 결정하게 된다. 최종 후보들을 결정하게 되면 교사선발위원회의 역할은 끝이 나게 되고, 최종 후보들이 낸 모든 지원 서류들과 교사선발위원회에서 평가한 평가 자료들은 최종선발팀에 보내면 된다.

	첫 번째 단계 심사	두 번째 단계 심사
대상	모든 지원자	6명 후보
제출서류 및 심사과정	교사 지원서(학교 양식) 자기소개서 이력서 대학교 성적증명서 대학교 졸업증명서 교사 자격증 교사 자격증 이외의 자격증 전문적인 교사세미나 및 교사훈련 프로그램 참가 수료증 교사 인턴십 참여 증명서 추천서(일반인) 담임목사 추천서 영어공인시험점수 세례증명서 출석교회 주보 신앙고백서 주민등록등본(가족관계증명서)	포트폴리오 에세이 교안 동영상 성경 테스트 면접

(2) 최종선발팀

1) 구성

최종선발팀은 교사 1명을 최종적으로 선발하는 팀이 된다. 최종선발팀은 이사장과 교장, 대표교사로 구성한다. 그리고 기독교 학교의 정체성을 확고히 하고, 학교 안의 교목의 위상을 높이기 위해 교목을 최종선발팀에 넣는다. 학교에서 제일 영향력 있고 권위가 있는 사람은 구성원을 선발하는 사람이다. 그래서 교목을 최종선발팀에 넣는다면 교목의 위상을 높이고, 교목 활동에 대한 권위를 실어주는 상징적인 모습이 될 것이다.

2) 역할

최종선발팀은 교사선발위원회에서 선발한 3명의 최종 후보를 대상으로 심사해서 최종 1명을 정하는 것이다. 3명의 최종 후보자들에게는 현장에 와서 실제 강의 시연을 하게 하고, 최종면접을 본다. 여기에 추가할 것은 최종 후보자들을 추천한 추천자들에게 직접 연락해서 지원자에 대해서 물어보는 것이다.

구체적으로 실제 강의 시연은 두 번째 단계 심사에서 제출한 교안에 기록한 내용을 가지고 현장에 와서 1시간 동안 강의하게 하는 것이다. 실제 강의 시연을 통해 교사로서 전문성을 가지고 있는지, 어떤 대상 앞에서도 강의를 할 수 있는 능력이 있는지를 보는 것이다. 그다음 최종면접은 심층 면접을 하는 것이다.

외국 회사의 경우는 1박 2일 면접이 있다. 외국 회사의 경우를 학교 현장에 적용하면 1박 2일 동안 최종선발팀과 함께 하는 것이다. 딱딱한 의자에 앉아서 면접하는 것이 아니라, 함께 식사도 하고, 차도 마시고, 산책도 하고, 대화도 하고, 토론도 하는 것이다. 그 가운데서 최종선발팀은 자연스럽게 자신의 교육의 경험들을 말하면서 어떤 교사가 좋은 교사인지 교육 노하우를 전수해줄 수 있다. 그러면 탈락한 후보자들도 큰 배움의 시간으로 남을 것이다. 1시간, 2시간

정도는 긴장하면서 자신을 숨길 수 있어도 1박 2일 함께 하면서는 긴장감이 떨어지고 마음이 점점 편해지면서 자기를 숨기기가 쉽지 않다. 그러면 정확하게 지원자가 어떤 사람인지를 알 수 있게 된다. 1박 2일 면접도 함 시행해보면 재미있지 않을까, 의미 있지 않을까, 새로운 혁신이 되지 않을까 생각해본다. 면접을 단지 붙이고 떨어뜨리는 평가의 기회로만 생각하지 않고, 대화하고 나누고, 학교에 오래 있던 분들의 교육 노하우도 전수해주는 그런 배움의 시간으로 만드는 것이다.

이러한 여건이 안 되어서 전통적인 면접을 해야 된다면, 적어도 1시간 이상의 심층면접은 요구되고, 면접 가운데 '문제해결면접'이라는 방법을 사용하는 것이 중요하다. 이 방법은 학교에서 일어날 수 있는 문제를 구체적인 시나리오로 제공해주고, 읽고 잠시 생각한 후에 바로 답을 하게 하는 방법이다. 학교에서 일어날 수 있는 학생들 간의 갈등, 교사와 학생 간의 갈등, 교사와 부모와의 갈등 등 여러 문제에 대한 구체적인 내용을 주고, 교사로서 어떤 선택을 할 것인지, 어떤 행동을 할 것인지를 생각해서 답하게 하는 것이다. 생각할 시간을 짧게 주면, 답변하는 내용이 그 사람이 본래 가지고 있던 생각일 확률이 크다. 문제해결면접을 통해 교사로서 문제에 대해 대처할 능력이 있는지, 좋은 리더십을 갖추고 있는지를 대번 파악할 수 있다. 이처럼 최종면접 때는 실제 교사가 되었다고 가정하고, 학교 안에서 어떻게 교육을 할 것인지, 학생과의 소통은 어떻게 할 것인지, 학생들의 인성지도 및 생활지도는 어떻게 할 것인지, 동료 교사와는 어떤 관계로 지낼 것인지 등에 대해 어떤 생각을 가지고 있는지를 파악하는 것이 중요하다.

마지막으로 최종 후보자들을 추천한 추천자들에게 직접 연락해서 지원자에 대해서 물어보는 것은 새롭지만 중요한 평가 방법이 될 수 있다. 추천자들에게 직접 연락해서 지원자가 어떤 사람들인지 물어보면 추천자들은 거짓말을 할 수 없고 추상적으로 답을 할 수 없다. 문서로 추천서를 쓸 데에야 대충 좋은 말 넣어서 쓸 수 있고 지원자를 잘 몰라도 쓸 수 있지만, 직접 음성으로 물으면 솔직하게 말할 수밖에 없게 된다. 그래서 지원자들을 추천한 추천자들과 직접 연락해서 지원자가 어떤 사람인지에 대해, 지원자와의 관계에서 있었던 일화에 대해 말하게 하면 추천서의 내용이 정확한지, 정말 이 지원자를 추천하는지를 파악할 수 있다.

이러한 과정을 거쳐서 최종선발팀은 최종 1명을 결정하게 된다. 최종선발팀도 교사선발위원회처럼 심사에 있어서 상대평가와 절대평가를 혼용해서 가장 최적의 인물을 선발할 수 있어야 한다. 무엇보다도 학교가 우선으로 두고 있는 가치에 맞는 사람인지를 계속 체크하면서 심사해서 최종 1인을 결정해야 한다.

	세 번째 단계 심사
대상	3명 후보
심사과정	강의시연 (1시간) 최종면접 추천자들에게 연락

02 목회자 선발 과정

목회자 선발 과정은 교회마다 크기가 다르고, 상황이 다르기에 무조건 어떤 방법을 사용해야 한다고 정하기가 쉽지 않다. 하지만 목회자 선발 과정이 조금 더 합리적으로 체계적으로 진행되기 위해서 새로운 방안을 제시하려고 한다.

교회에서 목회자를 선발하는 과정에서 제일 먼저 해야 할 것은 바로 목회자 선발을 위한 시스템을 만드는 것이다. 목회자 선발을 위한 시스템이 없는 교회는 목회자들을 선발할 때마다 기준과 방법이 달라질 수 있고, 객관적이고 투명한 검증 없이 한두 사람의 영향력에 의해 선발될 수 있는 우려가 있다. 따라서 목회자 선발을 위한 시스템을 먼저 만들어야 한다.

목회자 선발을 위한 시스템은 목회자 선발을 위해서 어떤 내부 조직이 책임을 지고 담당할 것인지, 그리고 어떤 절차와 과정에 의해서 목회자를 선발할 것인지 등을 체계화하는 것이다. 이러한 시스템은 문서로 정리되어야 하고, 일관성을 위해 목회자를 선발할 때마다 같은 방식으로 진행되어야 한다. 교사 선발 과정 때와 마찬가지로 목회자 선발 과정 때에도 일관성과 체계성을 지켜야 하는데, 일관성은 항상 같은 방법을 적용하는 것이고, 체계성은 과정과 단계를 밟아서 목회자를 선발하는 것을 말한다. 과정과 단계가 없는 선발은 인사행정이라고 말할 수 없다.

목회자 선발 과정을 위해서 내부 조직이 있어야 하는데, 보통은 당회라는 내부 조직이 그 역할을 감당하게 된다. 교회 규모가 상대적으로 작은 교회는 장로가 많지 않기 때문에 당회 구성원들이 다 목회자 선발 과정에 참여해야 하지만, 교회 규모가 상대적으로 큰 교회는 다른 업무들이 많이 있기에 당회 전체가 목회자 선발 과정에 다 참여하는 것은 효율적이지 않다. 따라서 당회 안에 목회자선발위원회를 두는 것이 좋다. 당회의 규모가 작을 때에는 당회 구성원 전체가 목회자선발위원회 구성원이 될 수 있고, 당회의 규모가 클 때에는 당회 구성원 중에서 돌아가면서 목회자선발위원회 구성원이 될 수 있다. 교회 안의 질서를 위해 당회 안에 목회자선발위원회를 두고, 장로들이 중요한 역할을 감당하지만, 100% 장로들만 참여하는 것이 아니라, 권사 대표, 안수집사 대표, 서리집사 남.녀 대표, 청년 대표도 참여할 수 있도록 열어야 한다. 다양한 연령층 성도들의 목소리를 들어야 정말 교회에 필요한 목회자를 선발할 수 있다. 교회 안의 질서를 위해서 당회를 중심으로 해야 하는 것이 맞지만, 교회 안의 다양한 구성원들의 목소리를 듣고, 의사결정에 참여하게 하는 것은 한국교회가 더 많은 노력을 해야 하는 부분이다. 목회자선발위원회에서 목회자 선발과 관련된 모든 부분을 관장하고 진행한다. 목회자 선발을 위한 계획을 세우고, 문서를 만들고, 공고를 내고, 서류를 받아 심사하고, 면접 시행을 통해서 최종 3명을 추려낸다.

목회자선발위원회 외에 또 다른 중요한 내부 조직이 필요하다. 그것은 바로 최종선발팀이다. 최종선발팀에서는 목회자선발위원회에서 결정한 최종 후보 3명을 대상으로 설교시연과 최종면접을 통해서 최종 선발자를 결정하는 역할을 한다.

(1) 목회자선발위원회

1) 구성

목회자선발위원회는 당회 안에서 목회자 선발을 실제적으로 감당하는 부서가 된다. 목회자선발위원회는 당회 안에 장로들이 들어가고 (상대적으로 규모가 큰 교회에서는 장로 3-4명이 돌아가면서 참여) 권사 대표 2명, 안수집사 대표, 서리집사 남, 녀 대표, 청년 대표가 들어가서 총 10명 내외로 구성할 수 있다.

2) 역할

목회자선발위원회의 업무는 첫째, 목회자선발과정을 세우는 것이고, 둘째, 목회자모집에 필요한 직무내용표(Job Description)을 만드는 것이고, 셋째, 선발 자격 우선순위를 마련하는 것이고, 넷째, 다양한 목회자 모집의 방법을 마련해서 공고하는 것이고, 다섯째, 지원자들을 심사해서 최종 3명으로 추리는 것이다.

① 목회자선발과정 세우기

목회자선발과정은 구체적으로 세워야 하는데, 먼저 교구 담당 부목사를 선발할 것인지, 청년 담당 부목사를 선발할 것인지, 교육 담당 부목사를 선발할 것인지 명확히 정해야 한다. 목회자 모집 기간은 언제 할 것인지부터 시작해서 목회자 선발에 필요한 직무내용표는 어떻게 만들 것이지에 대한 부분도 정해야 하고 목회자 모집 방법은 어떤 것을 할 것인지, 지원자들의 서류는 어떤 것들을 받을 것인지, 면접은 어떤 방식으로 진행할 것인지에 대한 부분도 정해야 한다. 즉 목회자선발과정에 관한 모든 것을 세우는 일을 하게 된다.

교육전도사, 전임전도사, 교육목사, 부목사 등 목회자를 선발하는 것은 굉장히 중요한 일이기 때문에 온 성도들이 한마음으로 기도할 수 있어야 한다. 그리고 온 성도들은 목회자선발위원회를 신뢰하고 힘을 불어넣어 주어야 한다. 그리고 목회자선발위원회에서 결정하는 사항에 대해 성도들이 존중하고 따를 수 있어야 한다.

② 목회자 모집에 필요한 직무내용표(Job Description) 만들기

목회자를 구체적으로 모집하기 위해 필요한 것은 바로 직무내용표이다. 직무내용표를 자세하게 만다는 것이 정말 중요한데, 직무내용표에는 목회자가 어떤 직무를 해야 하는지에 대한 내용이 들어있고, 일을 하기 위한 조건들, 교회에 대한 정보, 일을 함에 있어서 받는 사례 및 대우에 관한 내용이 들어있다.

구체적으로 말하면, 교회에 오게 되면 어떤 일을 하게 되는지에 대한 일의 종류와 세부적인 내용, 일을 함에 있어서 반드시 해야 하는 의무사항과 책임을 져야 하는 부분들에 관한 내용, 일을 하기 위해 필요한 학위와 같은 자질들, 교회의 위치와 상황에 관한 내용, 봉급 및 보너스, 복지 등에 관한 내용, 일하는 요일과 시간, 휴일, 채용되었을 때 일 하는 시작 날짜 등이 기록되어 있다.

교회의 입장에서 보았을 때 직무내용표는 새로 선발되는 목회자가 어떤 일을 구체적으로 해야 하는지를 정리하는 데에 구체적인 도움이 되고, 지원하는 목회자 입장에서는 본인이 사역을 함에 있어서 어떠한 혜택을 받으면서 어떤 일을 해 나가야 하는지를 이해하는 데 있어 구체적인 도움이 된다. 따라서 직무내용표는 지원하는 목회자와 선발하는 교회 모두에게 채용에 관한 중요한 정보를 제공해주게 된다. 목회자선발위원회는 직무내용표에 부합하는 목회자를 찾으면 되는 것이고, 지원자는 직무내용표를 보고 지원할지 말지를 결정하면 되는 것이다.

③ 선발 자격 우선순위 마련

목회자를 선발함에 있어서 선발 자격 우선순위를 마련해야 한다. 우선순위를 마련하는 것은 교회가 꼭 선발하기 원하는, 교회가 꼭 원하는 목회자를 선발하기 위한 기준을 세우는 것이다. 목회자로서 가져야 하는 여러 자질이 있는데, 그중에 우선순위를 무엇으로 할지를 정해야 한다.

교회 안의 인사행정은 보통 교회 안의 최종 리더인 담임목사의 입장에서 부교역자를 선발하는 것에 대한 내용이기에 부교역자로서 어떤 자격을 갖추어야 하는지를 정리해볼 필요가 있는 것이고, 부교역자의 경우도 직임과 역할에 따라 자격의 우선순위가 달라질 수 있는 것이다.

먼저는 서류심사에서 학위나 자격증, 목회 경험에 우선순위를 둘 것인지, 대학교, 신학대학원 학점에 우선순위를 둘 것인지, 대학교, 신학대학원 때 활동한 봉사활동 경험에 우선순위를 둘 것인지, 자기소개서에서 나타나는 영적인 능력, 성격, 가치관에 우선순위를 둘 것인지를 정해야 하는 것이다. 아니면 설교의 능력에 우선순위를 둘 것인지, 컴퓨터 프로그램 등을 잘 다루는 기술적인 능력이나 찬양 인도를 잘 하는 은사적 측면에 우선순위를 둘 것인지를 정해야 하는 것이다. 외적으로 드러나는 모습, 설교와 같은 목회자 본연의 직임을 잘 감당하는 전문적인 능력, 컴퓨터 프로그램을 잘 다루는 것과 같은 기술적인 부분에서 잘하는 능력 등은 다 중요하지만, 목회자이기 때문에 신앙적인 부분, 성품적인 부분, 윤리적인 부분을 강조해야 하고, 동료들과 어울리는 관계의 능력, 성도들과 대화하고 이야기를 들어주는 소통과 공감의 능력을 강조해야 한다. 그러나 이런 부분은 서류상으로는 명확히 드러나기 어렵기에 면접을 통해 철저히 검증하고 확인할 필요가 있다.

④ 다양한 목회자 모집 방법 마련 및 목회자 모집 홍보

교회에서 꼭 필요한 좋은 목회자를 선발하기 위해서는 일단 많은 지원자가 있어야 한다. 그래서 지원자를 늘리기 위해 홍보가 되어야 하는 것이다. 목회자선발위원회에서는 다양한 목회자 모집 방법을 마련하고 홍보할 수 있어야 한다. 그리고 목회자 선발은 투명성과 개방성을 위해서 공개채용을 원칙으로 한다. 그리고 선발하는 교회에서 사역하고 있는 목회자가 선발하는 교회에서 원하는 목회자상을 잘 알고 있기에 선발하는 교회에서 사역 중인 목회자들이 주변의 좋은 목회자를 추천할 수 있는 시스템도 마련되어야 한다.

목회자선발위원회는 목회자 모집 방법을 계속 발전시키기 위해서 다른 교회들은 어떻게 목회자를 모집하고 있는지를 연구하고 배울 수 있어야 한다. 구체적으로 말해서 교단에 따라, 교회 사이즈에 따라서 어떤 목회자 모집 방법을 사용하고 있는지를 조사하고 배울 수 있어야 한다. 더 나아가 일반 사회 안에서 회사 등의 조직에서는 어떤 모집 방법을 사용하는지를 공부하고 좋은 방법은 배우고 차용할 수 있어야 한다. 일반 회사에서 하고 있는 창의적인 방법, 새로운 방법이 있다면 도입할 수 있어야 하고, 교회 안에서도 더 발전적이면서도 새로운 모집 방법을 연구하고 과감하게 도입할 필요가 있다. 그리고 세월이 지남에 따라 교회 안에 사역하고 있는 사람들보다 젊은 목회자들이 새로 공채 났을 때 지원하기 때문에 젊은 목회자들의 눈높이에 맞는 모집방법을 사용할 수 있어야 한다. 그러기 위해서는 교회 안의 젊은 목회자의 아이디어를 듣고 적극적으로 반영할 수 있어야 한다.

목회자 모집의 구체적인 방법은 첫째, 본 교회에서 사역하고 있는 목회자들을 통해 홍보하는 것이다. 선발하는 교회에서 사역하고 있는 목회자들만큼 선발하는 교회에 대해 잘 아는 사람이 없다. 그렇기에 선발하는 교회에서 사역하고 있는 목회자들이 모집 홍보를 가장 잘 할 수 있고, 좋은 대상자가 나타나면 추천할 수 있다. 물론 단순히 친분이 있다는 이유로 추천하는 것은 목회자의 양심을 걸고 지양해야 한다.

둘째, 신학교 홈페이지를 통해 홍보하는 것이다. 신학교 홈페이지마다 사역자 청빙란이 있는데, 사역자 청빙란을 통해서 정보를 올리고 홍보하는 것이다. 그러나 중요한 원칙이 있다. 신학교 홈페이지에 사역자 청빙란을 보면 직무내용표(Job Description)가 제대로 올라오지 않은 교회들도 많이 있다. 자세하게 언급되어 있지 않고, 특히 사례비에 대한 정보에는 '면접 시 협의,' '교회 내규에 따름' 등으로 기록하는 교회들이 많이 있다. 왜 이 부분을 자세히 공개하지 않는 것일까? 정보를 제공하면 너무 세속적이어서? 혹은 우리 교회는 다른 교회보다 사례비를 적게 주니까? 혹은 우리 교회는 다른 교회보다 사례비를 많이 주어서 위화감이 조성될까봐? 행정학의 중요한 원칙은 합리성이다. 공개하는 것이 합리적인 것이다. 사회 안에서의 어떤 회사도 이 부분을 명확하게 공개하지 않는 회사가 없는데 유독 교회만은 숨긴다. 그럴 필요가 없다. 사역에 대한 모든 정보를 공개해서 지원자가 정확하게 정보를 알고 선택하게 해야 한다. 정확히 알고 지원해서 들어온 목회자의 헌신도가 그렇지 않는 경우보다 훨씬 더 높을 것임은 당연한 것이다. 오히려 정보를 잘 모르고 왔다가 자기가 생각한 사역보다 더 많은 사역의 내용을 요구해서 부담이 된다든지, 자신이 받을 것이라고 예상했던 사례비보다 덜 받게 된다든지 하면 사역에 대한 헌신도는 떨어질 수 밖에 없는 것이다. 일반 회사의 눈높이에서 직무내용표(Job Description)를 정확하게 제공

할 필요가 있다. 이것이 당연한 상식인 것이다.

셋째, 목회자 취업 관련 인터넷 사이트에 목회자 모집 정보를 올리는 것이다. 여기에 목회자 모집에 대한 구체적인 내용, 직무내용표(Job Description)를 올리거나 교회 소개 영상 등을 올려서 지원자들이 교회를 정확히 알고 지원할 수 있도록 도와야 한다.

넷째, 교회 홈페이지에 목회자 모집을 올리는 것이다. 교회 홈페이지에 목회자 모집에 대한 자세한 정보를 올리면 자연스럽게 목회자 모집에 대한 홍보가 될 것이다. 그리고 본 교회 성도들은 홈페이지를 통해 목회자 모집에 대한 내용을 알게 되고 좋은 목회자가 청빙되기를 한마음 한뜻이 되어 합심해서 기도하게 될 것이다.

다섯째, 목회자 모집에 대한 정보를 다양한 온라인 플랫폼을 활용해서 알리는 것이다. 요즘에는 다양한 온라인 플랫폼을 사용해서 정보를 알리는 것이 대세이다. 대부분 교회는 유튜브(YouTube) 채널을 가지고 있기에 교회 채널을 통해 목회자 모집 홍보 영상을 올릴 수 있다. 이 외에도 교회 온라인 카페, 블로그, 페이스북, 인스타그램 등에 목회자 모집에 대한 정보를 올릴 수 있다.

목회자 모집에 대한 방법의 핵심은 교회가 선발하기 원하는 목회자에 대한 자세한 정보를 많은 대상자들에게 제공하고, 지원자는 그 내용을 정확히 인지하고 지원하는 것이다. 목회자 모집에 대한 구체적인 방법은 시대에 따라, 문화에 따라 달라질 수 있기에 어떤 방법에 무게중심을 둘 것인지에 대해서 목회자선발위원회가 토론하면서 결정해야 한다. 물론 무게중심을 두지 않고 가능한 모든 방법을 골고루 동원해서 모집 홍보하는 것도 괜찮으나, 여력이 안 될 경우에는 우선순위를 정하는 것이 필요하다.

그리고 목회자 모집에 대한 내용들을 살펴보면 너무 선발하는 교회 눈높이에 맞춰져 있다. 물론 선발하는 교회니까 주도권을 가지고 하는 것은 맞지만 조금 더 지원하는 자의 눈높이에 맞춰서 그들이 존중받을 수 있도록 해야 한다. 작은 감동이 평생의 좋은 이미지로 남는 것이다. 목회자 모집 광고 문구 하나만 읽어도 지원자를 배려한다는 마음이 들도록, 목회자 모집 광고 디자인 하나만 봐도 지원자의 눈높이를 맞추고 따뜻함을 전달해주려고 한다는 느낌이 들도록 해야 한다. 그러면 그 작은 감동으로 지원자들이 그 교회에 오고 싶어할 것이고 지원하는 목회자가 많아질 것이다. 그리고 목회자들 사이에서 좋은 소문이 날 것이고, 그 교회에 대한 좋은 이미지가 생기게 될 것이다. 좋은 회사는 지원하는 사람들이 지원하는 것만으로 해도 기분이 좋도록, 지원했다는 것만으로도 자부심을 가질 수 있도록 지원자들을 배려하는 내용들이 인사의 전반적인 과정에 스며들어 있게 하는 것이다. 그렇게 되면 떨어져도 기분이 덜 나쁘게 될 것이다. 교회라면 이 부분에 더더욱 신경을 써야 하지 않을까?

그리고 부차적인 이야기지만, 지원하고 언제 심사 결과가 나왔는지 알려주고, 심사 결과 탈락했다면 그 결과를 존중하면서 전달해 주어야 하지 않을까? 어떤 교회는 심사 결과가 언제 나오는지도 알려주지 않고, 탈락해도 알려주지 않는다. 그러니까 지원자가 불안한 마음에 마냥 기다리다가 저자세로 조심스럽게 교회에 전화를 걸어서 심사 결과를 물어보게 된다. 이제는 지원자의 눈높이에 맞추고, 지원자들을 존중하고, 작은 감동을 줄 수 있는 노력이 있기를 소망한다. 지원하는 분들 모두 하나님의 나라를 위해 애쓰고 있는 한국교회 목회자들이라는 사실을 개 교회들은 기억하면 좋겠다.

⑤ 지원자 심사

목회자 지원자들에 대한 심사는 두 단계의 과정으로 이루어질 수 있는데, 첫 번째 단계의 심사는 모든 지원자들을 대상으로 서류 심사를 하는 과정이다. 이 서류 심사를 통해서 6명 정도의 후보자를 선별할 수 있다. 그다음 두 번째 단계의 심사는 6명 정도의 후보자를 대상으로 부가적인 서류심사와 면접을 통해서 최종 후보자 3명을 선별할 수 있다. 이 최종 후보자 3명은 최종선발팀에 보내져서 세 번째 단계의 심사를 통해서 최종 선발자를 결정하게 된다.

지원자들을 심사하기 위해 어떤 서류를 받을 것인지는 목회자 선발위원회에서 심사숙고해서 결정해야 한다. 첫 번째 단계의 심사에서 지원자들이 제출할 서류는 목회자 지원서(교회 양식), 자기소개서, 신앙고백서, 이력서, 대학교 성적증명서 및 졸업증명서, 신학대학원 성적증명서 및 졸업증명서, 경력증명서, 자격증, 전문적인 목회세미나 및 훈련 프로그램 참가 수료증, 봉사활동 증명서, 추천서(현재 소속교회 동료 목회자 추천서, 현재 소속교회 담임목사 추천서), 주민등록등본(가족관계증명서) 등이 될 수 있다.

구체적으로 하나씩 살펴보면, 보통 목회자 지원서는 교회에서 양식을 제공하고 다운로드해서 기록해서 제출하게 하는 방법이 있거나 교회 홈페이지에 가서 직접 입력하게 해서 제출하는 방법이 있다.

자기소개서는 하나님께서 목회자로 부르신 소명 이야기, 목회자가 되기 위해 어떤 준비를 해 왔는지를 중심으로 해서 기록하게 하고, 이력서는 경력과 학력을 순서대로 기록하고, 봉사활동 참여, 전문적인 목회세미나 및 훈련 프로그램 참여, 자격증 내용 등을 기록하게 한다.

그리고 신앙고백서를 제출하게 해서 바른 신학, 바른 신앙을 가지고 있는 목회자인지를 검증해야 한다. 대학교 성적증명서 및 졸업증명서나 신학대학원 성적증명서 및 졸업증명서는 보통 3개월 이내에 발급받은 것을 제출하게 하고, 자격증은 사본으로 제출하게 한다.

이 외에 이력서에 나온 것을 구체적으로 확인하기 위해 전문적인 목회세미나 및 훈련 프로그램에 참여한 수료증을 제출하게 하고, 봉사활동 경험이 있다면 봉사활동 증명서를 제출하게 한다.

추천서의 경우에는 현재 소속교회 동료 목회자 추천서와 현재 소속교회 담임목사 추천서를 제출하게 한다. 현재 소속교회 동료 목회자의 추천서를 통해서는 동료의 시선에서 보았을 때 지원자가 어떤 사람인지를 알 수 있게 되고, 현재 소속교회 담임목사의 추천서를 통해서는 지원자가 담임목사와의 관계에서 어떤 사람인지, 어떻게 일을 하는 사람인지를 알 수 있게 되어서 유용한 정보가 될 수 있다. 그러나 우리나라의 추천서는 대부분 좋은 내용만 쓰는 경향과 문화가 있다. 따라서 추천서에 지원자의 장점만 기록되지 않도록 추천서 형식을 교회에서 만들어 제공해주는 것이 좋다. 추천서 형식에는 지원자의 장점과 단점을 균형 있게 쓰도록 하고, 지원자를 정말 잘 아는지에 대한 여부를 확인하기 위해서 목회활동 가운데 지원자와의 관계에서 있었던 기억나는 일화를 기록하게 하면 좋다.

그리고 주민등록등본(가족관계증명서)은 신분 확인을 위해서 제출하게 한다.

제출된 서류는 교사 선발 심사와 마찬가지로 상대평가와 절대평가를 균형 있게 사용해야 하는데, 목회자를 선발하는 기준에 있어서 어떤 기준을 우선순위로 둘 것인지를 정한 이후에 상대평가와 절대평가를 해야 한다. 왜냐면 객관적으로 평가할 수 있는 서류의 경우(예: 대학교 학점, 대학원 학점) 상대평가를 쉽게 시행할 수 있는데, 목회자의 자질의 경우는 학점이 중요하지 않을 수도 있기에 일반 직장과 마찬가지로 학점이 높은 사람을 그렇지 않는 사람보다 높은 점수를 줄 필요가 있는지에 대해 의문이 제기될 수 있기 때문이다. 물론 어떤 교회는 학점을 성실도를 체크 하는 기준으로 삼을 수도 있기에 상대평가를 통해 학점 높은 사람에게 더 좋은 점수를 줄 수 있다. 따라서 선발하는 교회에서 어떤 기준을 우선순위로 둘 것인지를 정한 다음에 상대평가와 절대평가를 혼용해서 사용해야 하는 것이다.

다음으로 두 번째 단계 심사에서는 첫 번째 단계 심사에서 선별된 6명 정도를 대상으로 포트폴리오, 목회계획서, 에세이, 설교문, 설교 동영상을 제출하게 하고, 현장에서 면접을 할 수 있다.

먼저 포트폴리오는 좋은 목회자가 되기 위해 지금까지 어떤 공부를 했는지, 어떤 영적인, 성품적인, 기술적인 준비와 노력을 해 왔는지를 한눈에 볼 수 있는 중요한 자료가 된다. 포트폴리오를 보면 지원자가 어떤 사람인지 파악하기 쉽게 때문에 심사에 있어 중요한 자료가 될 수 있다.

목회계획서는 어떤 부서의 목회자로 부임하게 되면 하고 싶은 사역 계획, 목회 계획, 활동 계획을 기록해서 제출하게 하는 것이다. 중요한 것은 선발하는 자리, 부서에 적합한 목회계획서를 써야 하는 것이다.

에세이는 교회에서 주제와 형식을 주고 써서 제출하게 하는 것이다. 에세이의 주제는 목회자의 자질, 성품, 능력, 관계성 등이 될 수 있다. 에세이를 통해 목회자로서의 정체성, 지원자가 가지고 있는 비전 및 사명, 리더십 종류, 지원자가 가지고 있는 성격 및 관계적 능력 등을 파악할 수 있다. 설교문은 교회에서 동일한 본문을 주고 30분 정도 설교할 수 있는 설교문을 써서 제출하게 하는 것이다.

현실 목회에서는 목회자의 능력 중에 설교의 능력을 성도들이 중요시 여기기 때문에 이 부분에 대한 평가와 검증이 필요하다. 설교문을 통해 성경의 해석이 적절한지, 성도들의 눈높이에 맞는 적용점을 줄 수 있는지, 바른 신학과 바른 신앙이 전제되어 있는지, 말과 글의 표현의 능력이 있는지 등을 확인할 수 있다. 설교 동영상은 설교시연을 하는 것이다, 설교문 쓴 내용 일부를 바탕으로 설교 시연을 영상으로 찍어 제출하는 것이다. 여기서 중요한 면은 30분 설교를 다 하는 것이 아니라 10분 정도를 하는 것이다. 동영상 길이가 길면 준비하는 사람의 입장에서는 더 쉬울 수 있고, 짧게 요약하거나 줄여서 하는 것은 훨씬 더 어렵다. 그래서 10분 정도의 짧은 설교 영상을 만들라고 하면 평가자의 입장에서는 변별력이 생길 수 있다.

이 외에 6명 정도의 후보자는 지원하는 교회에 와서 1차 면접을 받게 된다. 1차 면접에서 심사자는 지원자의 자기소개서와 신앙고백서와 이력서에 나온 내용을 바탕으로 질문을 하고 답하게 한다. 특히 목회자로서의 소명, 바른 목회자상, 목회자로서의 비전에 관한 부분을 잘 평가할 수 있도록 한다. 그룹면접의 경우에는 한꺼번에 다 같이 면접을 하는 것이기 때문에 지원자의 입장에서는 상대평가가 되어 많이 부담스럽지만, 평가하는 사람의 입장에서는 평가하기가 수월할 수 있다.

두 번째 단계 심사 후에 평가자들은 3명의 최종 후보들을 결정하게 되고, 이로써 목회자선발위원회의 역할은 끝이 나게 된다. 목회자선발위원회는 3명의 최종 후보들이 제출한 지원 서류들과 목회자선발위원회에서 평가한 내용과 자료들은 최종선발팀에 보낸다.

	첫 번째 단계 심사	두 번째 단계 심사
대상	모든 지원자	6명 후보
제출서류 및 심사과정	목회자 지원서(교회 양식) 자기소개서 신앙고백서 이력서 대학교 성적증명서 및 졸업증명서 신학대학원 성적증명서 및 졸업증명서 경력증명서 자격증 전문적인 목회세미나 및 훈련 프로그램 참가 수료증 봉사활동 증명서 추천서 (현재 소속교회 동료 목회자 추천서, 현재 소속교회 담임목사 추천서) 주민등록등본(가족관계증명서)	포트폴리오 목회계획서 에세이 설교문 설교 동영상 면접

(2) 최종선발팀

1) 구성

최종선발팀은 목회자선발위원회에서 올린 최종 후보자 3명 중에 최종 1명을 선발하는 팀이 된다. 최종선발팀에는 담임목사, 대표장로, 수석부목사로 구성한다. 담임목사는전체적인 관점에서 후보자를 보게 되고, 대표장로는 성도의 관점에서 후보자를 보게되고, 수석부목사는 동료의 관점에서 후보자를 보게 된다.

2) 역할

최종선발팀은 목회자선발위원회에서 결정한 최종 후보자 3명을 심사해서 최종 1명을 선택하는 것이다. 최종선발팀은 최종 후보자 3명을 대상으로 세 번째 단계의 심사를 하게 되는데, 심사의 과정은 최종 후보자 3명이 지원한 교회에 와서 실제 설교를 하게 되고, 최종면접을 본다. 그리고 최종 후보자들을 추천한 현재 소속교회 담임목사, 현재 소속교회 동료 목회자들에게 직접 연락해서 지원자에 대해서 더 심도 있게 물어는 과정을 밟게 된다.

구체적으로 교회에 와서 실제 설교를 하는 것은 두 번째 단계 심사에서 제출한 설교문 원고대로 하는 것이다. 최종선발팀 앞에서 30분 설교를 하면 된다. 실제 설교 심사를 통해서 목회자로서 설교의 내용을 성도들의 눈높이에 맞게 잘 전달할 능력이 있는지에 대해 평가하는 것이다.

다음으로 최종면접은 심층면접을 시행하는 것인데, 적어도 1시간 이상의 심층면접이 요구되고, 교사 심층면접 때에 마찬가지로 면접 시에 '문제해결면접'이라는 방법을 사용할 수 있어야 한다. 목회자는 리더로서 문제해결능력을 갖추고 있어야 한다. 그렇기에 면접 시에 목회하는 가운데 일어날 수 있는 다양한 문제나 어려움을 구체적인 시나리오로 제공해주고, 후보자는 읽고 잠시 생각한 후에 바로 답을 하게 하는 문제해결면접이라는 방법을 사용할 수 있어야 한다. 생각할 시간을 짧게 주면, 그 사람이 본래 가지고 있는 신념, 생각이 답변으로 나오기 때문에 짧은 시간을 주는 것이고, 당면한 문제를 빨리 대처해야 하는 경우가 실제 목회 현장 가운데서는 많이 일어나기 때문에 우유부단하지 않고 빨리 대처할 수 있는 능력이 있는지를 체크하는 것이다. 구체적으로 교회에서 일어날 수 있는 성도들 간의 갈등, 목회자와 성도 간의 갈등, 목회자 간의 갈등 등 여러 인간관계 가운데서 일어날 수 있는 부분에 대한 질문을 주고 대처법, 해결법에 대해서 말하게 한다든지, 선택의 주제를 주고 둘 중에 어떤 선택을 할 것인지에 대한 질문을 주고 답변을 하게 할 수 있다.

이 외에도 최종면접 때는 지원자의 성품이 어떠한지를 집중적으로 살펴보아야 하고, 동료 목회자와의 관계, 담임목사와의 관계를 잘 할 수 있는지에 대한 부분을 꼼꼼하게 살펴보아야 하고, 성도들과의 관계에서 소통을 잘 할 수 있을지에 대한 부분을 세세하게 살펴보아야 한다. 서류를 통해서 정확하게 확인하기 어려운 부분은 최종면접을 통해 확인할 수 있어야 한다.

그리고 위의 교사 면접에서도 말했듯이 1박 2일 면접을 시행해 보는 것도 의미 있을 것이다. 1박 2일 동안 최종선발팀과 후보자가 함께 있으면서 식사도 같이 하고, 차도 같이 마시고, 대화와 토론도 같이 하는 것이다. 이러한 가운데 최종선발팀의 구성원들은 담임목사의 입장에서 자신의 목회 노하우를 전수해줄 수 있고, 수석부목사의 입장에서 부목사의 자질을 전수해줄 수 있고, 장로의 입장에서 성도들이 원하는 목회자상에 대해서 이야기해줄 수 있다. 1박 2일의 면접을 통해 큰 배움의 시간이 될 수 있기에 탈락한 경우에도 의미의 시간과 경험으로 남을 것이다. 1박 2일 함께 하는 면접 가운데서는 처음에는 지원자가 긴장하겠지만 함께 하는 시간이 계속되면서 긴장감이 떨어지고 마음이 점점 편안해지게 될 것이다. 그러면 자기 자신을 숨기기가 쉽지 않고, 자신의 본래 모습이 드러나게 될 것이다. 한국교회에서 목회자를 선발할 때 1박 2일 면접을 시행해보면 정말 의미 있는 도전이 될 것이라고 생각한다. 면접을 단지 최종합격시키고, 떨어뜨리는 평가의 시간으로만 채우지 말고, 목회 선배들과 대화하고 나누고 배우는 시간으로 채운다면 정말 혁신적인 인사의 방법이 될 수 있을 것이다.

마지막으로 최종 후보자들을 추천한 현재 소속교회 동료 목회자와 담임목사에게 연락해서 지원자에 대해서 물어보는 과정을 거친다. 추천자들에게 직접 연락하는 이유는 문서가 아닌 음성을 통해서는 추천자가 거짓말을 하거나 추상적으로 답하기가 어렵기 때문이다. 추천사는 지원자에 대해서 잘 몰라도 추상적으로 쓸 수 있고, 좋은 말만 넣어서 쓸 수 있다. 그래서 직접 연락을 통한 검증이 필요하다. 지원자가 어떤 사역자인지에 대해 구체적으로 말하게 하거나, 지원자와의 관계에서 기억나는 일화를 말하게 하면 추천서의 내용이 정확한지 확인할 수 있다. 추천자에게 전화하는 것은 번거롭거나 부담스러울 수도 있지만, 지원자를 정확히 파악하는 데에 큰 도움이 될 수 있다. 최종선발팀은 이러한 단계를 거쳐서 최종 1명을 선발하게 된다. 최종선발팀은 교회가 어떤 목회자를 필요로 하는지를 계속 검증하면서 절대평가와 상대평가를 균형 있게 사용하면서 심사할 수 있어야 한다.

	세 번째 단계 심사
대상	3명 후보
심사과정	설교시연 (30분) 최종면접 추천자들에게 연락

(3) 면접의 지침들

사람을 선발함에 있어서 면접이 정말 중요하다. 심사의 과정에서 두 번째 단계의 심사와 세 번째 단계의 심사에서 면접이 들어간다. 면접에서 평가자는 면접의 지침들을 정확하게 숙지하고, 면접장에 들어가야 한다. 그리고 면접의 지침들을 요약형으로 기록해서 면접 시간 내내 옆에 두는 것도 필요하다. 왜냐면 면접에 집중하다 보면 면접의 지침들을 잊어버리고 오류나 편견에 빠지기 쉽기 때문이다. 오류나 편견에 빠지게 되면 면접을 통해 정확하게 검증하려고 하는 내용을 검증하지 못할뿐더러, 최대한 객관적이고 종합적인 평가가 이루어지지 못해서 조직에 꼭 필요한 사람을 선발하지 못하게 될 우려가 있다. 그래서 면접의 지침들을 잘 숙지하고 반복해서 기억하고 인지하면서 면접이 이루어져야 한다.

1) 규격화된 면접 양식과 점수 범위의 기준 마련

면접의 신뢰도를 지키기 위해서 규격화된 면접 양식과 점수 범위의 기준을 마련해서 지원자들을 평가해야 한다. 신뢰도는 면접의 모든 과정에서 일관성이 있어야 하는것이고, 그러기 위해서는 규격화된 면접 양식을 사용해야 한다. 그리고 면접 양식 안에는 어떤 부분을 평가할 것인지 평가요소가 기록되어 있어야 한다. 이 평가요소는 선발하기 원하는 사람에게 요구하는 자질 즉 평가 기준이 되는 것이고, 이 평가요소는 선발위원회에서 정하는 것이다. 그리고 면접관들은 점수 범위의 기준을 세워야 한다. 예를 들어 면접점수를 평가요소당 1점~100점을 줄 수 있다고 할 때, 점수 범위의 기준을 세우지 않으면 극단적으로 면접관 A는 1점을 줄 수도 있고, 면접관 B는 100점을 줄 수도 있다, 그러면 점수 차가 99점이나 나게 되어 객관적인 평가가 될 수가 없다. 따라서 점수 범위의 기준을 세울 때 최소한의 점수와 최대한의 점수를 정하고, 보통일 경우에 중간 점수는 어느 선에서 할 것인지를 정해야 한다. 그래서 면접관마다 점수 차가 너무 크지 나지 않도록 힘써야 한다.

2) 동일한 질문

면접의 타당도를 지키기 위해서 질문을 사전에 만들어, 모든 지원자들에게 동일한 질문을 해야 한다. 타당도라는 것은 측정하려고 하는 것을 제대로 측정하고 있는지의 정도를 보여주는 것을 말한다. 면접관마다 지원자에게 던지는 질문이 달라서는 안 된다. 면접관들은 사전에 협의를 거쳐 질문들을 만들고, 모든 지원자들에게 동일한 질문을 해야 한다. 면접관마다 다른 질문을 한다면 객관적인 평가가 힘들게 된다는 사실을 면접관은 꼭 기억해야 한다.

3) 질문의 형식 숙지

면접에서 사용하는 질문은 자유롭게 답변할 수 있도록 주로 개방형 질문을 사용하지만 질문 내용에 따라서 중요도에 따른 등급을 매기는 등급순 질문이나 주어진 조건에서 몇 가지를 선택하는 선택형 질문을 사용할 수 있다. 질문 내용에 따라서 질문의 형식이 달라질 수 있다는 면을 고려해야 한다.

4) 적절한 노트

면접 시에는 적절한 노트를 사용할 필요가 있다. 면접 시에 질문을 던지고 답변을 들을 때 답변이 길어지면 앞에 들은 내용을 잊어버릴 수 있다. 그렇기에 지원자가 답변하는 내용을 옆에 종이를 두고 노트를 해야 한다. 노트할 때는 들은 내용을 요약할 수 있는 요약의 능력이 있어야 하고, 더 좋은 능력은 답변 들은 내용에서 키워드만 기록해 놓고, 키워드를 보면서 지원자가 어떤 답변을 했는지 기억해 내는 능력이 있어야 한다.

5) 문제해결면접법

문제해결면접법을 면접 중간에 사용할 필요가 있다. 문제해결면접법은 조직이 가지고 있는 문제나 조직 안의 구성원들 사이에 발생할 수 있는 상황을 시나리오로 제시하고 짧게 생각한 후에 답변하게 하는 방법이다. 이 문제해결면접법을 통해서 지원자가 문제해결을 할 수 있는 능력이 있는지를 평가할 수 있고, 지원자가 본래 가지고 있는 생각이나 가치관 등을 파악할 수 있다. 즉석에서 나오는 답은 그 사람이 본래 가지고 있는 생각일 확률이 크다. 교사는 학교 안에서 아이들의 리더이다. 목회자는 교회 안에서 성도들의 리더이다. 리더는 문제해결을 할 수 있는 능력이 있어야 하기에 문제해결면접법을 통해 이 부분을 체크 할 수 있어야 한다.

6) 지원자 존중

면접 시에 지원자를 존중하는 말투를 사용하고, 친절하게 대해야 한다. 지원자 중에서 선발자가 나오고 나중에 동료가 된다는 사실을 기억하고 지원자를 존중해야 한다. 그리고 탈락자들도 자신이 지원한 학교에, 지원한 교회에 대해 계속 좋은 이미지를 가질 수 있도록 따뜻하게 대해야 한다. 덧붙여 말하면 지원자는 긴장한 상태로 면접에 임하기 때문에 긴장을 풀고, 자신이 가지고 있는 생각을 잘 표현할 수 있도록 지원자를 편안하게 해 주는 말투, 표정을 면접관은 사용해야 한다. 언어적 의사소통보다 더 빨리 감지되는 것은 비언어적 의사소통이다. 표정이 대표적인 비언어적 의사소통이다. 면접관이 인상을 쓰거나 경직되어 있으면 지원자는 그 모습을 보고 더 긴장하게 된다. 그래서 비언어적 의사소통에 신경 쓰면서 지원자의 상황을 고려할 수 있어야 한다.

7) 편견이나 오류 인식

면접 시에 발생할 수 있는 편견이나 오류를 인식하면서 면접이

진행되어야 한다. 면접 시에 발생할 수 있는 편견은 다음과 같다.[3)]

편견(오류) 종류	편견(오류) 내용
대조현상 편견	일찍 면접한 사람과 비교할 때 발생하는 편견이다. 첫 번째, 두 번째 면접한 사람은 일찍 면접한 사람이기 때문에 면접관의 기억 속에 생생히 기억난다. 그러나 뒤로 가면 갈수록 면접한 사람들이 많아지기에 면접관이 면접한 사람과 답변한 내용을 다 기억하기가 힘들게 된다. 그렇기에 면접관은 생생히 기억하고 있는 일찍 면접한 사람과 지금 면접한 사람을 비교하면서 일찍 면접한 사람보다 잘했는지, 못했는지를 보면서 점수를 매기게 된다.
확증편향 편견	면접을 시작하고 초반에 들어온 정보에 의해서 지원자에 대한 평가를 하게 되는 것을 말한다. 면접을 시작하고 첫 번째 질문을 하고 그것에 대한 답변을 했는데 면접관의 마음에 들었다면 두 번째 질문, 세 번째 질문에 제대로 답변하는지에 대해서는 별 신경을 쓰지 않고 좋은 평가를 내리는 것이다. 반대로 첫 번째 질문을 하고 그것에 대한 답변을 했는데 면접관의 마음에 들지 않았다면 두 번째 질문, 세 번째 질문에 대한 답을 제대로 듣지 않고 나쁜 평가를 내리는 것이다.
부정적인 정보 편견	면접관이 질문을 하고 지원자가 답변을 하는데 면접관이 싫어하는 단어를 사용했다든지, 면접관이 별로 좋아하지 않는 내용을 잠시 언급했다면 면접관이 그것에만 집중해서 나타나는 편견이다.

3) 위의 책, 82.

외적 조건 편견 (첫 인상 편견)	지원자가 면접하러 왔을 때 면접관이 선호하는 패션을 하고 왔거나 매력적인 외모를 가지고 있을 때 호감을 가지게 되는 편견이다. 이뿐만이 아니라 지원자의 집안 배경이 좋다라든지, 같은 고향 출신이라든지, 같은 학교 동문이라든지가 확인되면 호감을 지게 되는 편견이다. 이 외적 조건 편견을 다른 말로 하면 첫 인상 편견이라고 말할 수 있는데, 첫 인상을 보고 호감을 가지게 되는 편견인 것이다.

Chapter 4
자리 및 업무 배치, 그리고 업무추진

01 자리 및 업무 배치

교회에서 목회자를 선발했으면 적재적소에 배치해야 한다.

대부분의 목회자는 비슷한 업무를 한다. 예배 인도, 찬양, 설교, 심방, 상담, 성도 관리, 문서 작업 등 하는 일이 거의 비슷하다. 하는 업무가 비슷하기에 일어나는 단점은 경쟁을 하기가 쉬워지고, 목회자 한 명 한 명의 전문성이 살아나기가 힘들다. 사회는 이미 전문화되어 있고, 어떤 업무든지 간에 전문성을 요구하고 있다. 그렇기에 목회자의 업무도 좀 더 세분화되고, 전문화될 필요가 있다. 물론 예배 인도, 설교와 같은 목회자로서의 본연의 공통된 업무가 있겠지만, 그 외에는 전문성을 기준으로 해서 적재적소에 배치하는 것이 중요하다. 찬양에 전문성을 가지고 있는 목회자는 찬양 전문 목회자로, 상담에 전문성을 가지고 있는 목회자는 상담 전문 목회자로, 영상 촬영과 편집에 전문성을 가지고 있는 목회자는 영상 및 미디어 전문 목회자로, 교육에 전문성을 가지고 있는 목회자는 교육 전문 목회자라 사역할 수 있는 문화를 담임목사가 마련해야 한다.

미국의 경우에는 전문화된 목회가 자리 잡은 교회들이 많이 있다. 찬양 전문 목회자는 평생 교회에서 찬양 전문 목회자로 사역하다가 은퇴할 수 있고, 교육 전문 목회자는 평생 교회에서 교육 전문 목회자로 사역하다가 은퇴할 수 있다. 이제 우리나라 교회의 문화도 서서히 바뀌고 있다. 담임목회 자리가 매우 적기 때문에 어떻게 해서든지 담임목회로 나아가려는 풍토는 바뀌고 있다. 지금까지는 아무리 찬양 전문 목회자, 교육 전문 목회자, 상담 전문 목회자라도 결국 최종에는 담임목사가 되려는 풍토이기 때문에 전문화된 목회가 제대로 이루어지지 못하고 있었으나, 이제 서서히 그 풍토는 바뀌어 가고 있다. 더욱이 코로나19를 맞이하면서 하나의 징조를 보여준 것이 바로 영상 촬영 및 편집 분야이다. 교회마다 비대면 예배가 이루어지다 보니까 영상 촬영 및 편집 분야에 있어서 전문성을 가지고 있는 목회자를 찾는 것이다. 영상 촬영 및 편집 분야에 있어서 전문성을 가지고 있는 목회자가 적다 보니까 이들에게 더 좋은 대우를 하겠다는 교회도 많이 나오고 있다. 이제 전문화된 목회의 시대가 될 것임을 인지하면서 담임목사는 목회자를 선발하고 그 목회자에게 필요한 적절한 자리에 배치할 필요가 있다.

그리고 목회자에게 일을 부여함에 있어서 위의 선발의 부분에서 나온 것처럼 직무내용표(Job Description)을 기준으로 해야 한다. 직무내용표에서 명시되어 있는 부분에서의 일을 감당해야 합리적인 것이다. 행정에 중요한 원리 중의 하나가 합리성이다. 합리적인 것은 바로 이성적으로, 논리적으로 이해가 되는 것이다. 이성적으로, 논리적으로 이해가 될 때 헌신적으로 일하게 되는 것이다. 합리성을 높일 때 구성원의 조직에 대한 헌신도, 일에 대한 헌신도는 더 높아지게 되는 것이다.

그리고 업무배치에 있어서 전문성을 파악하는 방법은 목회자의 성격, 적성, 흥미, 가치관, 과거의 경험을 분석하는 것이다.

먼저 성격에 대해 알아보면, 성격은 다른 사람과는 구별되는 한 사람의 고유한 특징이라고 말할 수 있는데, 성격은 타고난 면도 있지만, 삶의 환경에 따라 변화되기도 하고, 새롭게 만들어지기도 한다. 성격 연구에 있어 저명한 학자인 아이젠크(Eysenk)는 "환경에 대해서 독특한 적응을 결정하는 개인의 특성, 기질, 지능, 신체적인 것의 통합된 체제"라고 성격에 대해 정의했다.[4] 우리가 잘 알고 있는 성격을 측정하는 심리 검사는 MBTI이다. MBTI 검사는 "외향성과 내향성(주의집중과 에너지 방향), 감각과 직관(정보수집의 방법), 사고와 감정(의사결정기능), 판단과 인식(행동이행과 생활양식)"이라는 4가지 지표를 제공하고, 검사받는 사람이 각각의 4가지 지표에서 어느 쪽에 해당되는 지를 측정해서 성격을 파악하는 검사이다.[5] 그래서 경우의 수를 따지면 총 16가지의 성격 유형이 나오는 것이다.

두 번째 적성이라는 것은 "어떤 분야에 대한 능력의 정도 혹은 능력의 발현 가능성"[6]이라고 말할 수 있다. 다시 말하면 "어떤 과제나 임무를 수행하는 데서 개인에게 요구되는 특수한 능력이나 잠재

---

4) 김봉환 외 7인, 『진로교육개론』, (서울: 사회평론아카데미, 2017), 68.

5) 신명희 외 3인, 『교육심리학의 이해』, (서울: 학지사, 1998), 332.

6) 김봉환 외 7인, 『진로교육개론』, 65.

능력"이라고 말할 수 있고, 이 적성은 타고나는 면도 있지만 학습되는 면도 있다.[7] 적성을 체크 하는 대표적인 심리 검사는 홀랜드 검사인데, 이 검사는 6가지 유형을 제시한다. 이 6가지 유형은 '실재적, 탐구적, 예술가적, 사회적, 기업가적, 관습적' 유형이다.[8]

'실재적 유형'은 밖으로 나타난 현상에 대한 관심이 크고, 눈에 보이는 것을 어떻게 사용하고 활용할 수 있는지에 대해 관심이 많은 유형이다. '탐구적 유형'은 실재적 유형과는 다르게, 현상이 아닌 내면에 있는 내용을 깊이 있게 연구하고 탐구하고 분석하는 것에 큰 관심이 있는 유형이다. 다음으로 '예술가적 유형'은 자신의 감정 혹은 느낌을 다양한 방식을 통해서 표현하는 것을 좋아하는 유형이고, 자유롭고 창의적인 면을 많이 가지고 있는 유형이다. '사회적 유형'은 사회적인 관계성을 중시하는 유형으로서 타인과 어울리고 교제하고 협동하는 것을 좋아하는 유형이다. '기업가형 유형'은 리더십이 있어서 자신이 맡은 공동체, 자신이 속해 있는 공동체를 이끌고 나가는 것에 관심이 많은 유형이다. 마지막으로 '관습적 유형'은 습관적인 일을 하는 것에 편안함을 느끼는 유형이다. 즉 변화하는 것에 대해 부담감을 가지고, 해 오던 일을 반복적으로 하는 것에 편안함을 느끼는 유형이다.[9]

---

7) 위의 책, 65.

8) 조동헌 외 9인, 『진로교육학개론』, (서울: 교육과학사, 2019), 25~30.

9) 위의 책, 25~30.

적성을 체크 하는 또 다른 검사는 바로 다중지능검사이다. 이 검사는 하버드 대학교 교육학과 교수인 하워드 가드너(Howard Gardner)가 주장한 다중지능이론을 기초로 해서 만든 검사이고, 하나의 다중지능검사지가 있는 것이 아니라, 여러 단체와 많은 학자들에 의해서 다양한 다중지능검사지가 만들어져서 활용되고 있다. 다중지능이론에 의하면 우리의 뇌 안에는 다양한 지능의 영역이 있다는 것이다. 그 지능의 영역은 적어도 8가지가 되는데, 이 8가지는 '음악지능, 논리수학지능, 신체운동지능, 언어지능, 공간지능, 자기이해지능, 인간친화지능, 자연친화지능'이다. '음악지능'은 악보를 보고 음악을 연주할 수 있는 능력이고, '논리수학지능'은 수학의 논리를 잘 찾고, 연산 규칙을 잘 파악하는 능력이다. '신체운동지능'은 신체를 이용해서 다양한 표현을 하고, 지구력과 유연성과 관계되는 지능이고, '언어지능'은 다양한 단어를 조합해서 사용할 줄 알고, 듣고 쓰고 읽고 말하는 것과 관계되는 지능이다. '공간지능'은 공간 안에서 그림을 그리고, 사물을 적절하게 배치할 수 있는 능력으로 미술과 관계된 능력이며, '자기이해지능'은 자기 자신을 성찰하고 이해하기 위해 노력하는 데 에너지를 쏟는 능력이다. '인간친화지능'은 사람들을 좋아하고, 사람들과 관계성을 잘 쌓는 능력이고, '자연친화지능'은 자연에 대한 관심이 많이 있고, 자연에 대한 동정심을 발휘하는 능력이다.[10)]

세 번째, 흥미에 대해서 알아보면, “흥미는 어떤 종류의 활동 또는 사물에 대하여 특별한 관심이나 주의를 갖게 하는 개인의 일반화된 행동 경향”이다.[11] 인간은 어떤 것이나 어떤 활동에 대해서 특별한 관심이나 생각을 가지고 에너지와 시간을 쏟게 된다. 이것이 바로 흥미이다. 흥미 또한 고정되어있는 것이 아니라, 삶의 환경에 따라서 새롭게 흥미가 생기기도 하고, 사라지기도 한다.

직업의 현장에서 흥미를 측정하는 대표적인 검사는 스트롱의 직업흥미검사이다. 스트롱의 직업흥미검사는 6가지 유형을 제시하는데, 이것은 ‘현장형, 탐구형, 예술형, 사회형, 진취형, 사무형’이다. 이것은 홀랜드 검사의 6가지 유형을 기초로 하는 것이다.[12]

‘현장형’은 현장을 뛰어다니고 현장에서 일하는 것에 흥미를 가지는 유형이고, ‘탐구형’은 깊이 있는 탐구와 연구하는 일에 흥미를 가지는 유형이고, ‘예술형’은 자신의 느낌과 감정을 다양한 방법을 통해 표현하는 예술적인 일에 흥미를 가지는 유형이고, ‘사회형’은 사회 안에서 활동하면서 사람들과 함께 하는 일에 흥미를 가지는 유형이다. ‘진취형’은 다른 사람들에게 목표를 제시하고 설득하고 리더십을 발휘하는 일에 흥미를 가지는 유형이고, ‘사무형’은 사무실

10) 김성중, 『사춘기 자녀 웃으며 키우기』, (서울: 두란노, 2020), 120-122.

11) 김봉환 외 7인, 『진로교육개론』, 66.

12) 조동헌 외 9인, 『진로교육학개론』, 78.

에 앉아서 반복적인 일, 사무적인 일을 하는 것에 흥미를 가지는 유형이다.[13)]

네 번째 가치관에 대해서 알아보면, 가치관은 선택과 결정에 있어서 "어떤 특정한 방향으로 행동하게 하는 원리나 믿음 또는 신념"이라고 정의할 수 있다.[14)] 가치관에 따라서 우리는 어떤 선택과 결정을 하게 되는 것이다. 특히 목회자에게 있어서는 어떤 가치관을 가지고 있느냐가 정말 중요하다. 왜냐면 그 가치관에 의해서 선택하고 결정하는 것이 바로 성도들에게 영향을 주기 때문이다.

가치관을 측정하는 검사도 있는데, 대표적인 검사가 미국의 SV (Study of Values) 검사이다. 이 검사는 일반적 가치와 직업과 관련된 가치로 나눠서 측정하는데, 일반적 가치에는 '이론적, 경제적, 미학적, 사회적, 정치적, 종교적' 가치가 들어간다.[15)] 그리고 직업과 관련된 가치에는 '능력 활용, 성취, 발전, 미학, 이타주의, 권위, 자율성, 창의성, 경제적 보상, 생활양식, 자기계발, 운동, 명예, 모험, 사회적 상호작용, 사회적 관계, 변화, 근무조건, 문화적 동질성, 육체적 힘, 경제적 안정'이 들어간다.[16)] 목회자들은 이와 같은 여러 가지 가치 중에 어떤 가치를 우선순위로 하는지 순위를 매기면서 측정

---

13) 위의 책, 78..

14) 김봉환 외 7인,『진로교육개론』, 69.

15) 위의 책, 78.

해보아야 한다.

마지막으로 한 사람의 전문성을 파악하기 위해서 그 사람의 과거의 경험을 살펴보는 것이 필요하다. 과거의 경험이라는 것은 일에 대한 경험뿐만 아니라, 다양한 인생의 경험도 포함하는 것이다. 다양한 인생의 경험 속에서 자신만의 전문성과 노하우를 습득하고 배우고 찾을 수 있다.

예를 들어, 고난의 경험이 많았고 그것을 극복하는 경험을 많이 했다면, 다른 사람의 아픔을 공감하고 위로할 수 있고, 그들의 이야기를 들어줄 수 있는 노하우를 자연스럽게 습득하고 가지게 되었을 것이다. 과거의 경험을 파악하기 위한 도구로는 '내 삶 등고선 그리기'를 제시할 수 있다. '내 삶 등고선 그리기'는 수평선을 긋고, 지금까지 살아온 삶의 시간을 되돌아보는 것이다. 지금까지 살아온 삶의 시간을 대략 5년 단위로 나누고, 삶의 경험 중에 긍정적인 경험이 있었을 때(좋았을 때, 성공했을 때, 행복했을 때, 기뻤을 때 등)는 수평선 위에 선으로 표시하고, 삶의 경험 중에 부정적인 경험이 있었을 때(안 좋았을 때, 실패했을 때, 불행했을 때, 슬펐을 때 등)는 수평선 밑에 선으로 표시하는 것이다. 그리고 선을 표시하고 나서는 간략하게 그렇게 선을 표시한 이유와 삶의 경험을 쓰게 하는 것이다. '내 삶 등고선 그리기'를 통해 내 삶을 한눈에 볼 수 있고, 긍정적인 경험의 때

16) 위의 책, 78.

와 부정적인 경험의 때를 정리해볼 수 있다. 이러한 경험을 바탕으로 나라는 존재가 있는 것이고, 나의 독특한 면이 생겨난 것이다.

이상과 같이 목회자의 성격, 적성, 흥미, 가치관, 과거의 경험을 종합 분석하면서 맞춤식 업무배치를 할 수 있어야 탁월한 사역이 이루어질 수 있다.

평신도의 업무 배치의 방법은 목회자의 업무 배치의 방법과는 차이가 있다. 왜냐면 목회자는 교회에서 사례를 받는 사람들인 반면에 평신도의 경우는 그렇지 않기 때문이다. 따라서 평신도의 업무 배치에 있어서는 최대한 그들의 의견을 반영해야 한다. 조금 더 정확히 말하면, 그들의 흥미와 선호를 반영해야 한다는 것이다.

예를 들어, 담임목사는 예배부 부장을 시켰는데, 자신은 경조부를 맡아서 성도들을 축하하거나 위로하는 것이 더 잘 할 수 있고, 하고 싶어 한다면 이 부분에 대해서 존중해 주어야 한다.

또한, 사회에서 하고 있는 업무를 고려해서 배치하는 것은 전문성을 확보할 수 있는 하나의 방법이 될 수 있다. 예를 들어, 사회에서 경조업체에서 일하시는 분이 있다면 경조부를 맡으면 전문성을 살려서 잘 하실 수 있고, 사회에 회사 행정실장을 맡고 계시는 분이 있다면 행정부를 맡으면 전문성을 살려서 잘 하실 수 있다. 물론 교회 사역의 특성상 봉사의 기회를 많은 성도들에게 계속 제공해주어야 하기에 부장임명을 받았다고 계속 동일한 부서의 부장을 하는 것은 아니다. 임기제를 두어서 잘 할 경우에는 부서에 소속된 구성원들의 투표하에 한 번 더 연임을 하게 할 수 있다.

그리고 이러한 부분이 힘들 시에는 돌아가는 시스템으로 해야 한다. 예배부 2년을 하며, 그 다음은 교육부 2년, 그 다음은 경조부 2년 등등 이런 식으로 시스템을 만들어서 공평함을 느끼게 해야 한다. 인사행정의 원칙에서 공정성이라는 원칙이 작동하는 것이다.

02 업무 추진

(1) 조직문화

선발되어 적재적소에 배치된 사람은 최선을 다해서 일 할 수 있어야 한다. 1인 기업을 제외하고는 함께 일 하기 때문에 협력할 수 있는 문화를 만드는 것이 중요하다. '문화'라는 것은 구성원들이 함께 공유하는 것이다. 그래서 문화는 '공유하는 가치· 철학·삶의 스타일·기호·취미·대화·주제' 등을 말하는 것이다. 아무리 능력이 있는 사람이라 하더라도 그 능력을 최대한 발휘할 수 있는 문화가 조성되었을 때 최대한의 능력을 발휘할 수 있는 것이다.

조직이 잘 운영되는 상황은 크게 두 가지의 경우이다. 첫 번째는 일의 성과가 나타날 때이고, 두 번째는 구성원들과의 관계가 좋을 때이다. 따라서 조직 안에서 만들어지는 문화도 크게 일 중심의 문화,

관계 중심의 문화로 나누어질 수 있다.

1) 일 중심의 문화

조직 운영에 있어서 가장 중요한 부분은 바로 성과를 내는 것이다. 결과 우선의 조직문화가 흐르는 것이다. 일 중심의 문화에서 인정받는 직원은 당연히 일을 잘 하고 성과를 내는 직원인 것이다. 일 중심의 문화에서 강조되는 가치는 바로 효율성이다.

효율성은 두 가지의 의미를 가지고 있다. 첫째는 투입한 만큼의 결과를 내는 것이다. 열심히 시간과 재원과 노력을 투자해서 투자한 만큼의 결과를 내는 것이다. 둘째는 투입한 것 이상의 결과를 내는 것이다. 사실 많은 회사에서는 투입한 것 이상의 결과를 내기를 원하고 이것을 효율성이라고 말한다. 그러나 기독교적인 관점에서의 효율성은 투자 대비 결과가 나오는 것이다. 갈라디아서 6장 7절의 말씀에 의하면, "스스로 속이지 말라. 하나님은 업신여김을 받지 아니하시나니 사람이 무엇으로 심든지 그대로 거두리라"고 나와 있다. 기독교적인 관점에서 '효율성'을 바라보면, 정직을 바탕으로 한 효율성인 것이다.

일 중심의 문화의 단점으로 지적될 수 있는 것은 바로 지나친 경쟁주의와 동료들 간의 갈등이다. 자신이 성과를 내고 인정받기 위해 동료들을 경쟁자로서만 인식하게 되고, 지나친 경쟁주의로 가게 되어 동료들 간에 갈등하고 사이가 좋지 않게 될 우려가 있다. 교회 안에서 일 중심의 문화가 흐른다면, 어느 교구가 새신자가 많은 지, 새신자 정착률이 높은지, 기존 성도들의 출석률이 높은지를 볼 것이다. 그리고 새신자가 많은 교구, 새신자 정착률과 기존 성도들의 출석률이 높은 교구를 담당한 목회자가 인정을 받게 될 것이다. 반대인 경우에는 교회 안에서 인정받지 못하는 목회자가 될 것이다. 일반 성도 시선에서도 일 중심의 문화 가운데 있는 교회는 누가 더 많이 봉사하는지를 볼 것이고, 눈에 보이는 가시적인 성과(예: 전도한 인원)에 관심을 가지게 될 것이다. 일 중심의 문화가 있는 기독교 학교에서는 학생들의 학업 성취도를 높이고, 대학진학률을 높인 교사가 인정을 받게 될 것이고, 학교 안에서 중심 역할을 감당하게 될 것이다.

2) 관계 중심의 문화

관계 중심의 문화 가운데서는 구성원들 사이의 관계성과 친밀감을 가장 중요하게 여기게 된다. 관계 중심의 문화 가운데서는 조직 안에서 민주적인 가치를 중시 여기게 되는데, 민주적인 가치는 구성원들이 함께 하는 것이고, 구성원들이 함께 의사결정과 조직 운영에 참여하는 것이다. 관계 중심의 문화 속에 있는 구성원들은 대부분 조직 만족도가 높고, 함께 일하는 사람들과 친밀감을 가지며, 기쁘게 일하게 된다. 하지만 관계 중심의 문화 가운데서는 엄격한 피드백과

지적이 없기에 느슨해지기가 쉽고, 일에 대한 헌신도가 떨어질 우려가 있다. 게다가 동료들 간의 관계에서도 공적인 부분과 사적이 부분의 경계가 애매해질 우려도 존재한다. 관계 중심의 문화 가운데 있는 교회에서 목회자들은 사이가 좋고, 분위기도 밝고, 서로 협업하는 문화를 가지고 있을 것이다.

예를 들어, 여름 수련회 때 목회자들이 자기 부서 수련회를 인도하지만 타 부서 목회자들도 함께 와서 도와주고 협업하는 모습이 있다. 이러한 문화 가운데서는 "내 부서"가 아니라, "우리 부서"로 인식하는 공동체성이 함양될 수밖에 없다. 성도들 사이에서도 서로 친밀감이 있고, 자녀 세대와 부모 세대와 조부모 세대가 함께 친밀감을 가지고 있는 가족 공동체와 같은 모습이 나타날 수 있다.

관계 중심의 문화 속에 있는 기독교 학교에서는 교사들이 서로 협동하는 모습을 보인다. 학교 현장에서 관계 중심의 문화 속에서 나오는 모습은 바로 '상호 존중'이다. 이 상호 존중은 그냥 나오는 것이 아니라, 동료들을 전문가로서 인식하고 인정할 때 나오는 것이다.

예를 들어, 국어를 가르치는 교사의 전문성은 국어이고, 수학을 가르치는 교사의 전문성은 수학이다. 국어 교사가 수학 교사를 존중하고, 수학 교사가 국어 교사를 존중하는 이유는 바로 자신이 가지지 못한 전문성을 상대방이 가지고 있기 때문이다. 그래서 '상호 존중'의 전제는 바로 상대방의 전문성에 대한 인정이 되는 것이다.

3) 일과 관계 균형의 문화

이상으로 살펴본 일 중심의 문화와 관계 중심의 문화는 장점과 약점을 가지고 있기에 우리가 추구해야 하는 이상적인 문화는 바로 '일과 관계 균형의 문화'라고 할 수 있다. '일과 관계 균형의 문화'는 일도 중시하고, 관계도 중시하는 것이다. 물론 일도 중시하고 관계도 중시하는 것이 동시에 일어나면 얼마나 좋겠냐 만은 일도 잘 되고, 구성원들과의 관계도 잘 되기는 쉽지 않다. 따라서 순서를 먼저 정하면, 관계 중심의 문화 안에서 일 중심의 문화를 강조하는 것이다. 구성원들끼리 서로 존중하는 문화를 형성하면서 친밀감을 쌓아나가는 상태에서 조직에 대한 주인의식을 가지고, 조직의 비전과 방향에 맞게 최선을 다해 일함으로 말미암아 최대한의 성과가 나올 수 있도록 노력해야 한다. 관계가 친밀해지고, 관계의 갈등 안에서 오는 스트레스가 최소화된 상태에서는 즐겁게 일을 할 수 있는 상태가 되고, 그 안에서 최선을 다해 일 할 때 좋은 성과가 나오게 되는 것이다.

교회의 예를 든다면, 목회자들 사이에서 관계성이 좋고 친밀감이 높다면, 담임목사가 하라는 것만 하는 것이 아니라 더 즐겁게 새로운 일을 만들어서 하게 될 것이다. 그래서 '일과 관계 균형의 문화' 안에서 기존의 것이 아닌 새로운 창의적인 일들이 만들어지고 성과를 내게 될 것이다. '일과 관계 균형의 문화'를 형성하는 데 있어 가장 중요한 역할을 하는 사람은 바로 최종 리더이다. 교회로 말하면 담임목사이고, 기독교 학교로 말하면 교장이다. 최종 리더가 일과 관계의 균형을 잡을 수 있도록 본인이 솔선수범할 수 있어야 하고, 규칙을 만들 수 있어야 하는 것이다. 예를 들어, 관계 중심의 문화 안에서 구성원들은 일과 시간에도 사적 대화를 하는 경우가 많이 있는데, 일과 시간은 업무 하는 공식적인 시간이기 때문에 사적 대화는 금지하는 규율을 만드는 것이고, 반대로 식사 시간에는 편하게 쉬는 시간이기 때문에 일에 관련된 대화는 안 하는 규율을 만드는 것이고, 이를 최종 리더가 먼저 실천하는 것이다.

이와 같이 조직 리더와 기존의 구성원들은 '일과 관계 균형의 문화'를 조성하면서 새로 선발되어 업무 배치를 받은 사람이 최선을 다해 일함으로 말미암아 자신의 가능성을 최대한 끌어내고, 자신의 능력을 최대한 발휘할 수 있도록 도와주어야 한다.

(2) 합리적인 평가와 관리

1) 데이터의 중요성

업무 추진을 해 나감에 있어서 필요한 것은 바로 합리적인 평가와 관리 시스템을 만들어서 일에 대한 성과를 객관적으로 검증하고 이에 대해 보상하는 것이다.

합리적인 평가와 관리 시스템이 없을 경우에 일하는 사람이 일을 제대로 하고 있는지 알 방법이 없다. 그리고 합리적인 평가와 관리 시스템은 일하는 사람에게 스트레스를 주고 성과를 강요하려고 하는 것이 아니라, 일을 잘 할 수 있도록 돕는 것이다. 합리적인 평가과 관리 시스템에서 가장 핵심적인 것은 바로 데이터이다. 한 사람이 일하는 내용에 대한 데이터가 축적되고 보관되고 분석되고 정리되어야 하는 것이다. 목회자의 경우에는 목회자가 올리는 기안서, 심방보고서, 업무일지 등과 같은 데이터가 있어야 하는 것이다. 그리고 중요한 것은 최종 리더의 분석능력이다. 양적 데이터의 경우에는 SPSS와 같은 통계 프로그램을 사용하면 객관적으로 정리되어 나오지만, 교회 데이터의 경우는 질적 데이터가 훨씬 더 많이 있다. 그렇기에 교회 안의 최종 리더인 담임목사는 질적 데이터를 분석할 수 있는 눈이 있어야 하는 것이다.

2) 평가 & 평가 후 관리

평가를 하는 주체는 다양하면 좋다. 자기 자신이 남긴 데이터와 자신의 사역을 돌아보면서 하는 자기 평가, 동료 평가, 다른 구성원 평가, 최종 리더 평가가 있어야 한다.

예를 들어, 교회 안에서 목회자의 경우는 목회자 자기 평가, 동료 목회자 평가, 성도들 평가, 담임목사 평가가 있어야 되고, 기독교학교 안에서 교사의 경우는 교사 자기 평가, 동료 교사 평가, 학생들 평가, 교장 평가가 있어야 된다.

그리고 중요한 것은 평가의 목적이다. 우리는 평가에 대해 무의식적인 두려움을 가지고 있다. 왜냐면 평가를 받고 그것으로 합격 여부가 결정되고, 승진 여부가 결정되고, 임금인상 여부가 결정 난다고 생각하기 때문이다. 하지만, 기독교교육의 입장에서 평가는 한 사람의 약점을 객관적으로 발견하게 하며 약점을 보완해서 자신의 가능성과 능력을 최대한 발휘할 수 있도록 돕는 것이다. 즉 평가받는 자에게 도움을 주는 것이다. 평가받는 자는 자신의 약점을 찾아주어서 보완해주고, 자신의 가능성과 능력을 최대한 발휘해서 더 나은 사람이 되도록 도와주는 것이기 때문에 좋은 것이다. 우리가 학창시절에 시험을 본다고 했을 때, 맞았는지 틀렸는지만 아는 것은 소용이 없다. 그러나 많은 학생들은 정답으로 맞았으면 기분이 좋고, 틀렸으면 기분이 나쁜 것에서 끝나는 경우가 많이 있다. 틀렸으면 왜 틀렸는지를 분석해서 다음번에는 비슷한 유형의 문제에서는 안 틀리게 하는 것이 평가의 목적인 것이다.

이와 같은 평가의 개념에서 중요한 것은 첫째 약점을 찾아주는 것이고, 둘째 약점을 보완해주는 것이다. 약점은 데이터 분석을 통해, 자기 자신 평가, 동료 평가, 다른 구성원 평가, 최종 리더 평가를 종합한 것을 통해 알 수 있다. 그러나 더욱 중요한 것은 약점을 보완해주는 것이다. 약점을 보완해주기 위해서는 교육과 훈련, 멘토링이 필요하다. 발견된 약점에 대해서 공식적인 교육과 훈련이 제공되어야 하며, 선배가 하는 멘토링, 최종 리더가 하는 멘토링이 필요한 것이다.

교회 목회자의 경우 발견된 약점을 보완하기 위해 필요한 목회자 세미나와 교육에 참여할 수 있도록 지원해준다든가, 선배 목회자와의 멘토링, 담임목사와의 멘토링이 진행될 수 있는 것이다. 기독교학교 교사의 경우 발견된 약점을 보완하기 위해 필요한 교사 연수 및 교육에 참여할 수 있도록 지원해준다든가, 학년 주임 교사와의 멘토링, 교장과의 멘토링이 진행될 수 있는 것이다.

반대로 평가 결과 괄목할 만한 성장이 있다든가, 좋은 성과를 냈을 경우에는 그에 합당한 보상이 적절하게 이루어져야 한다. 교회의 경우는 보상이 참으로 약하다. 적절한 보상은 성경적인 개념이다.

성경의 많은 가르침이 보상을 언급한다. 하나님의 명령이 언급된 여러 구절에서도 그 명령을 지키면 이렇게 해 주실 것이라는 보상이 언급된다.

> "네가 네 하나님 여호와의 말씀을 삼가 듣고 내가 오늘 네게 명령하는 그의 모든 명령을 지켜 행하면 네 하나님 여호와께서 너를 세계 모든 민족 위에 뛰어나게 하실 것이라(신명기 28:1)."
> "구하라 그리하면 너희에게 주실 것이요 찾으라 그리하면 찾아낼 것이요 문을 두드리라 그리하면 너희에게 열릴 것이니(마태복음 7:7)."
> "그런즉 너희는 먼저 그의 나라와 그의 의를 구하라 그리하면 이 모든 것을 너희에게 더하시리라(마태복음 6:33)."

목회자가 좋은 발전을 이루고 있다면 휴가를 준다든가, 도서비를 준다든가, 보너스를 준다든가, 여행을 보내 준다든가의 보상이 있으면 좋다. 성도들의 경우에는 물질로 보상을 할 수는 없기 때문에 소정의 선물이나 여행을 보내 준다든가의 보상이 있으면 좋다.

그런데 중요한 점은 여기서 성과는 일반 회사, 일반 학교에서 규정하고 있는 결과적 성과만 의미하는 것이 아니다. 즉, 교회 안에서는 전도를 많이 한 성과, 출석률을 높인 성과만 의미하는 것이 아니라는 것이다. 기독교 학교 안에서는 학생들 학업 성취도를 높인 성과, 대학진학률을 높인 성과만 의미하는 것이 아니라는 것이다. 성도들과의 사이에서, 학생들과의 사이에서 인격적인 성숙의 정도가 높아졌다든가, 일을 함에 있어서 계획을 세우고 문서화 하고 정리하는 기술의 정도가 높아졌다든가 등등도 성과에 들어가는 것이다. 그래서 평가내용이 되는 성과는 내면적인 것, 외면적인 것, 본질적인 것, 비본질적인 것이 종합된 것이다.

목회자의 예를 든다면, 내면적인 것(신앙과 인격의 성숙 등에 대한 부분), 외면적인 것(담임목사 지시사항 이행 여부, 맡은 일에 대한 전문적인 기술 및 실력, 관계적인 기술 등에 대한 부분), 본질적인 것(설교와 기도, 찬양에 대한 부분), 비본질적인 것(사람 스타일, 공유하는 취미 등에 대한 부분)이 종합된 것이다.

3) 절대평가 시스템

평가는 절대평가여야 한다. 성경적 관점에서의 평가는 절대평가이다. 마태복음 25장에 나오는 달란트 비유에는 절대평가하시는 하나님이 나온다. 5달란트 받은 사람은 5달란트를 가지고 자신의 가능성을 최대한 발휘했으면 칭찬을 받는 것이다. 2달란트 받은 사람도 2달란트를 가지고 자신의 가능성을 최대한 발휘했으면 칭찬을 받는 것이다.

> "그 주인이 이르되 잘하였도다 착하고 충성된 종아 네가 적은 일에 충성하였으매 내가 많은 것을 네게 맡기리니 네 주인의 즐거움에 참여할지어다 하고(마태복음 25;21)."
>
> "그 주인이 이르되 잘하였도다 착하고 충성된 종아 네가 적은 일에 충성하였으매 내가 많은 것을 네게 맡기리니 네 주인의 즐거움에 참여할지어다 하고(마태복음 25:23)."

5달란트 받아서 5달란트 더 남긴 사람이나, 2달란트 받아서 2달란트 더 남긴 사람이나 칭찬의 내용은 똑같았다. 반면 1달란트 받은 사람은 자신의 가능성을 최대한 발휘하지 않고 땅에 감추어 두었기 때문에 벌을 받은 것이다. 절대평가는 다른 사람과 비교해서 평가하는 것이 아니다. 절대평가는 한 사람의 가능성과 한계를 보고, 그 사람의 가능성을 최대한 발휘했는가의 여부를 보고 평가하는 것이다. 따라서 절대평가를 할 때 가장 중요한 평가 자료는 이전의 평가자료이다. 이전보다 더 발전되었으면 잘 한 것이다. 이전보다 더 성장했으면 잘 한 것이다. 비교평가하면 구성원들이 더 열심히 일해서 당장 조직의 성과가 더 올라가는 것처럼 보이지만, 결국은 관계도 잃고, 일의 목적성도 잃게 되어 조직에 악영향을 미치게 되는 것이다. 구성원 평가에 있어서 절대평가를 실천하는 시스템을 만들고, 노하우를 축적해가야 한다.

Chapter 5
조정과 위임

01 일의 자리와 내용 변경

구성원들이 일하는 가운데서 구성원들의 일의 자리와 일의 내용을 변경해야 할 때가 있다. 그 경우를 정리하면 다음과 같다.

(1) 구성원이 열심히 하는데도 불구하고 업무 성과가 나지 않을 때
(2) 구성원이 열심히 하지 않으면서 업무 성과가 나지 않을 때
(3) 구성원이 다른 구성원들과 관계가 좋지 않고 갈등할 때
(4) 같은 자리에 오래 있고, 반복된 일을 오랜 시간 하는 가운데서 열정이 줄어들고 매너리즘에 빠졌을 때
(5) 구성원이 다양한 자리와 업무를 경험하게 하고 싶을 때

(1) 구성원이 열심히 하는데도 불구하고 업무 성과가 나지 않을 때

구성원이 열심히 하는데도 불구하고 업무 성과가 나지 않을 때는 지금 하고 있는 일에 대한 전문성이 부족하거나 능력이 부족한 상태인 것이다. 열심히 하는데도 불구하고 업무 성과가 나지 않는다면 그야말로 안타까운 상황이 아닐 수 없다. 교육과 훈련, 멘토링을 통해서 도움을 주었는데도 불구하고 업무 성과가 나아지지 않는다면 일의 자리와 내용을 변경시킬 필요가 있다. 사람마다 자신에게 맞는 자리가 있고, 자신이 잘 할 수 있는 일, 즐겁게 할 수 있는 일이 있다. 리더는 구성원들에게 맞는 자리가 어디인지, 잘 할 수 있는 일, 즐겁게 할 수

있는 일이 무엇인지를 알 수 있어야 하고, 찾아줄 수 있어야 한다.

교회 안에서 실제로 제자 목사가 경험했던 일인데, 제자 목사는 노래를 할 때 음을 잘 못 잡는다. 그래서 찬양 인도를 하는 것을 두려워한다. 그런데 목회자의 경우는 자신이 원치 않아도 찬양 인도를 해야 하는 상황이 많이 있다. 그래서 이 제자 목사도 찬양 인도를 할 수 밖에 없었는데, 모든 곳의 음을 잘 못 잡으니까 성도들이 찬양을 따라 부르는데 많이 힘들어하는 것이었다. 제자 목사도 힘들고, 성도들도 힘들고 했다. 담임목사는 이 목회자가 더 잘 할 수 있도록 격려해주고, 노래 공부도 할 수 있도록 도와주었다. 이 목회자는 찬양하는 것을 좋아해서 시간이 날 때마다 찬양 연습을 하고 또 했다. 그러나 시간이 지나도 나아지지가 않아서 결국 이 목회자는 예배 시간에 찬양 인도를 하지 않고, 방송실에서 예배 영상과 자막을 돕는 일을 할 수 있도록 담임목사가 일의 자리와 내용을 변경시켜 주었다. 그리고 제자 목사는 즐겁게 사역할 수 있게 되었다.

이처럼 구성원이 열심히 하는데도 불구하고 업무 성과가 나지 않는다면 바로 일의 자리를 변경하거나 일의 내용을 바꿔주는 것이 아니라, 발전할 수 있는 교육 기회를 제공해주고, 격려를 해 주어야 한다. 그럼에도 불구하고 변화가 안 될 경우에 일의 자리와 내용을 변경시키고 변경된 일의 자리에서, 일의 내용에서 최선을 다해 즐겁게 일 할 수 있도록 도와주어야 한다.

(2) 구성원이 열심히 하지 않으면서 업무 성과가 나지 않을 때

구성원이 열심히 하지 않으면서 업무 성과가 나지 않을 때는 사실 제일 안 좋은 상황이다. 열심히 하지 않으면 당연히 업무 성과가 나지 않게 되는 것은 당연하다. 이런 상황 속에서 리더는 화가 나기도 하고, 어떻게 하는 것이 지혜롭게 하는 것인지 고민이 되기도 한다.

이런 상황에서 리더는 감정적으로 대응하면 안 된다. 바로 구성원에게 화를 내면 안 된다. 그러면 구성원은 일의 동기를 더 잃게 되고, 지금 일 하고 있는 곳을 그만두게 될 수도 있다. 따라서 리더는 구성원이 열심히 하지 않게 되는 이유를 찾는 것이 중요하다. 열심히 하지 못하게 막는 내용들을 찾고, 그것을 해결해야 열심히 일하게 되는 것이다. 지금 일하고 있는 곳에 대한 마음이 완전히 떠난 경우를 제외하고서는 리더는 다시 한번 기회를 줄 수 있어야 한다. 그러나 새롭게 기회를 줄 때는 다른 일의 자리와 내용을 줄 필요가 있다. 기존의 일의 자리와 내용에서 열심히 하지 않는 사람은 멘토링하고 격려하고 한다고 쉽게 바뀌지 않기 때문이다. 따라서 새로운 일의 자리와 내용을 주면서 다시 마음을 새롭게 하고 열심히 할 수 있도록 격려하고 긍정적인 자극을 주는 것이 필요하다.

예를 들어, 교회 안에서 구역장을 맡은 분이 구역 식구들에게 전혀 관심이 있고, 그 구역에 대한 애정과 마음이 떠났다면, 담임목사가 구역 식구들을 더 사랑하고 관심을 가져주고 열심히 해 달라고 격려하고 주문하기보다 다른 봉사의 자리와 내용을 맡기는 것이 좋다. 그때 새로운 마음을 가지고 열심을 내어 자신에게 맡겨진 봉사의 직분을 잘 감당할 수 있다.

(3) 구성원이 다른 구성원들과 관계가 좋지 않고 갈등할 때

구성원이 다른 구성원들과 관계가 좋지 않고 갈등할 때는 리더 입장에서는 안타깝기도 하고 힘들기도 한다. 특히 교회의 경우는 관계성이 그 무엇보다도 중요한데, 관계성에서 문제가 발생하면 그 해결점을 찾기가 어려운 경우가 많다.

평신도 사이에서 관계가 좋지 않고 갈등할 때는 정확하게 상황을 파악해서 잘잘못을 따지기도 어렵고, 구성원들을 모아놓고 서로 사랑하고 용서하라고 가르치기도 어렵다. 교회는 자발적인 봉사가 이루어지는 곳이기 때문에 구성원이 다른 구성원들과 관계가 좋지 않고 갈등할 때 리더가 만능해결사처럼 나타나서 해결하기가 참 어려운 곳이다. 구성원이 다른 구성원들과 관계가 좋지 않고 갈등할 때는 일의 자리와 내용을 변경시키는 것이 낫다. 갈등을 해결할 수 있도록 돕는 것이 제일 이상적인 선택이지만, 그것이 너무나 힘들 경우에는 일의 자리와 내용을 바꿔주는 것이 나은 것이다.

예를 들어, 교회에서 어느 선교회 부장이 선교회 구성원들과 갈등하는 경우에는 다른 봉사의 직분을 맡기는 것이 낫고, 어느 구역장이 구역 식구들과 갈등하는 경우에도 다른 구역의 구역장을 맡기든지 다른 봉사의 직임을 맡기는 것이 낫다.

하지만 목회자의 경우는 대처 방법이 달라야 한다. 왜냐면 목회자는 교회 안에서 모범을 보여야 하고, 성도들의 모델이 되어야 하는 성직자이고, 자발적인 봉사 공동체에서 사례를 받는 사람들이기 때문이다. 그래서 목회자가 다른 목회자들과 갈등하거나, 혹은 목회자들 사이에 관계성이 안 좋을 경우에는 담임목사가 이 문제를 해결해야 한다. 교육을 통해서라든지, 함께 하는 대화의 시간을 마련해서라든지, 함께 식사하는 시간을 마련해서라든지 해서 문제를 해결해서 원팀(one-team)이 될 수 있도록 노력해야 한다.

그러나 개인적인 관계성 여부를 떠나서 일하는 방식에 있어서 너무 안 맞을 경우에는 다른 일의 자리와 내용으로 변경시킬 필요는 있다. 사적으로는 친한데, 공적으로 일 할 때는 일하는 방식이 너무 안 맞아서 갈등하는 경우가 있다. 이럴 경우는 일의 능률도 오르지 않고, 성과도 나타나지 않기 때문에 따로 떨어뜨려서 다른 업무를 맡길 필요가 있다.

필자가 사역할 때 이런 경험을 한 적이 있다. 두 사람이 정말 친한 관계인데, 일만 같이 하면 서로 안 맞아서 힘들어하는 것이다. 그리고 일을 안 할 때는 또 엄청 친하게 대화하고 잘 논다. 계속 같이 일하다가는 개인적인 친밀함에도 안 좋은 영향이 있겠다 싶어서 같은 일을 나눠서 함께 하는 것이 아니라, 일을 완전히 분리해서 서로 다른 일을 하게 했다. 그랬더니 일의 성과도 올라갔고, 두 사람의 관계에 있어서 친밀도는 아무 문제 없게 되었다.

(4) 같은 자리에 오래 있고, 반복된 일을 오랜 시간 하는 가운데서 열정이 줄어들고 매너리즘에 빠졌을 때

같은 자리에 오래 있고, 반복된 일을 오랜 시간 하게 되면 보통은 열정이 식게 되고, 매너리즘에 빠지기 쉽게 된다. 어떠한 일이 익숙해지면 우리의 의지와 상관없이 그렇게 되기가 쉽다. 따라서 구성원이 열정이 줄어들고, 매너리즘에 빠지게 되는 모습이 반복적, 지속적으로 보일 경우에는 상담을 거쳐 확인하고 다른 일의 자리와 업무로 변경시킬 필요가 있다.

열정이 줄어들고, 매너리즘에 빠지게 된 모습을 가장 잘 아는 사람은 바로 당사자 본인이다. 그래서 자기 평가를 통해서 이 부분을 최대한 객관적으로 파악하고, 솔직하게 밝힐 필요가 있다. 조직의 운영과 발전에 있어서 열정은 너무나도 중요하다. 왜냐면 열정은 전염이 되기 때문이다. 열정적인 사람이 한 공동체에 있으면 그 공동체는 열정적인 공동체가 된다. 반대로 열정을 잘라먹는 사람이 있다. 그 사람이 한 공동체에 있으면 그 공동체에 있는 다른 사람들에게까지 영향을 주어서 열정이 식게 될 것이다.

목회자 임기제, 장로 및 권사 임기제를 시스템으로 둔 교회가 있다. 임기를 마치면 자동으로 끝나게 한다든가, 구성원 전체의 재신임을 물어서 계속하게 하는 시스템이다. 임기제와 재신임 시스템은 논란이 있기는 하지만, 효과적인 인사행정의 관점에서 보았을 때는 같은 자리에 오래 있고 반복된 일을 오랫동안 하게 될 때 열정이 줄어들고 매너리즘에 빠지기 쉬운 문제를 제도적으로 해결할 수 있는 하나의 방법일 수 있다. 교회 안에서 목회자의 경우는 열정이 줄어들고 매너리즘에 빠졌을 때는 목회자 본연의 본질적인 업무에 집중하게 하는 것도 필요하다.

목회자 본연의 본질적인 업무는 사도행전 6장 4절에 나오는 것처럼 기도하는 일과 말씀 사역을 하는 것이다.

"우리는 오로지 기도하는 일과 말씀 사역에 힘쓰리라 하니."

목회자가 열정이 줄어들고 매너리즘에 빠지면, 하나님 앞에 목회자로 부름 받은 자기 자신이 누구인지 자신의 정체성을 생각하는 시간을 주고, 기도하는 일과 말씀을 공부하고 전파하는 일에 집중할 수 있도록 도와주어야 한다. 그리고 나서 일의 자리와 내용을 바꿔주어 새로운 마음으로 최선을 다해 사역할 수 있도록 담임목사는 도와주어야 한다.

(5) 구성원이 다양한 자리와 업무를 경험하게 하고 싶을 때

어느 조직은 시스템적으로 구성원이 한 자리에서 어떤 업무를 하게 되면 2년 혹은 3년 단위로 바꿔주는 조직이 있다. 이럴 경우는 장점도 있고, 단점도 있다.

장점은 매너리즘에 빠지지 않고 열정을 가지고 일하게 되며, 새로운 자리와 새로운 업무가 계속 주기적으로 찾아오기 때문에 자기 발전에 도움을 준다는 점이다. 리더 입장에서 구성원들이 다양한 자리와 업무를 경험하게 해서 구성원들을 발전시킬 목적으로 이와 같은 시스템을 정착시킨 경우가 있다.

반면에 단점은 전문성을 함양하기가 쉽지 않고, 자신에게 맞지 않는 일의 자리에서 일을 하게 된다면 일의 효율성과 효과성에서 문제가 발생할 수 있다는 점이다.

장점과 단점이 있기 때문에 무엇이 맞다, 무엇이 틀리다고 말하기는 어렵다. 다만 두 가지를 혼용한다면 단점을 최소화할 수 있다. 즉 어떤 일의 자리와 내용의 경우는 주기적으로 변화시켜 주고, 어떤 일의 자리와 내용의 경우는 주기적으로 변화시키지 말아야 한다는 것이다. 많은 전문성이 요구되는 일의 자리와 내용의 경우는 주기적인 변화가 긍정적이지 못할 때가 많다. 그리고 많은 전문성이 요구되지 않는 일의 자리와 내용의 경우는 주기적인 변화가 긍정적일 때가 많다.

예를 들어, 기독교 학교에서 학교 밖 대외협력과 관계되는 업무를 맡은 직원은 그 자리에서 오랫동안 있는 것이 낫다. 왜냐면 학교 밖 대외협력은 네트워크와 일의 전문성이 중요하기 때문이다. 네트워크는 오랜 시간 그 일을 한 사람이 하는 것이 더 효과적이고, 해외 학교와의 네트워크라면 더더욱 영어 실력과 같은 전문성이 요구되기 때문에 전문성을 가진 사람이 계속 그 일을 하는 것이 훨씬 효과적이다.

교회학교의 경우에는 연령별 대 전문가가 다 필요하지만 특히 청소년부서의 경우는 전문적으로 훈련받고 청소년의 눈높이를 맞출 수 있는 감각이 있는 목회자가 오랜 시간 맡아서 사역하는 것이 훨씬 효과적이다. 반면에 목회자가 어느 교구를 담당하는지 등은 주기적으로 변화시키면 목회자가 더 많은 성도들을 알게 되어 목양에 도움이 되며, 다양한 성도들과 교제하면서 목회적 역량을 개발시키는 데 있어 큰 도움이 되고, 결국 목회자로서 자기 발전에 도움이 된다.

02 위임

이러한 인사행정 시스템을 갖춘 조직에서 가장 이상적인 모습은 구성원들이 각자의 자리에서 보람을 가지고 최선을 다해 일하고, 자신의 최대한의 가능성과 능력을 발휘하는 것이다. 조직이 아무 문제 없이 운영되고, 구성원들이 각자의 자리에서 열심히 일하는 상황에서는 위임의 단계로 넘어가도 좋다.

위임은 맡기는 것이다. 리더가 귀찮아서, 혹은 자기 책임을 배제하기 위해서 맡기는 것이 아니라 신뢰하기 때문에 맡기는 것이다. 구성원이 열심히 일하는 일에 대한 헌신도를 신뢰하는 것이다. 구성원이 일하는 방식을 신뢰하는 것이다. 구성원이 주인의식을 가지고 일한다는 것을 신뢰하는 것이다. 구성원을 친밀한 동료 관계로 신뢰하는 것이다. 위임을 했을 경우에 최종 리더는 가만히 앉아 있는 사람이 아니라, 계속적인 비전을 제시해주는 사람이 되는 것이다. 최종 리더의 역할은 큰 그림을 그리는 역할을 하는 것이다. 숲을 그리는 역할을 하는 것이다. 그러면 위임받은 구성원들은 작은 그림을 그리고, 숲 안의 나무를 세밀하게 그리는 역할을 하는 것이다. 위임한 후에 최종 리더는 작은 그림까지 하나하나 간섭해서는 안 된다. 숲 안의 나무 하나하나까지 간섭해서는 안 된다.

위임을 받은 사람은 최종 리더가 제시한 비전 아래 세부적인 부분을 만들어감에 있어서 자율성이 존재하기 때문이다. 자율성이 없는 위임은 없는 것이다. 사람은 자율성을 가질 때 주인의식을 가지게 된다. 그때 일의 효과성이 나타나고, 창의적인 일이 계속 이루어지는 것이다. 교회 안에서 담임목사와 부목사와의 관계에서 담임목사가 부목사의 일을 일일이 간섭하고, 모든 것을 다 보고하게 하고, 담임목사가 지시 내린 일만 하게 하는 경우가 있다. 이러한 상황 안에서 부목사는 담임목사의 일을 돕는 사람이라는 정체성을 형성하게 된다. 심리적인 부분에서 '내 교회'라는 인식보다 '담임목사 교회'라는 인식이 생기기 때문에 교회 안에 필요한 업무가 발견되어도 내가 지시받은 일이 아니면 안 하게 된다.[17] 오직 담임목사가 지시 내린 일만 하는 수동적인 입장이 되는 것이다. 이러한 조직 구조 안에서는 창의적인 일이 만들어지기가 어렵고, 부목사는 자신의 사역에 대해서 큰 보람을 느끼기가 어렵게 된다.

그러나 담임목사가 부목사를 신뢰하고 위임의 단계까지 나아간다면, 담임목사는 부목사와 교회 비전, 목회 비전을 공유하고, 부목사는 그 비전 아래서 세부적인 목표를 만들어서 자율적으로 일을 만들어서 하게 된다. 이런 상황에서 부목사는 심리적인 부분에서 '담임목사 교회'라는 인식보다 '내가 사랑하는 내 교회'라는 인식이 생기게 된다. 자율성은 창의성과 연결된다. 교회를 위해 꼭 필요한 일이라면 찾아서 하게 되고, 만들어서 하게 된다. 그리고 자신의 사역에 대해서 큰 보람을 느끼게 되고, 자기 발전에 큰 도움이 된다. 물론 한 번에 위임의 단계로 나아가지 않는다.

위에서 언급한 인사행정의 단계를 거친 다음에 위임의 단계로 나아가게 되는 것이다. 중요한 것은 위임의 단계까지 나아갔을 때에는

17) 교회는 '예수님의 교회'이다. 여기서 말하는 것은 교회를 일반 조직으로 가정할 때 심리적인 부분에서 '내 교회,' '담임목사 교회'로 느낄 수 있다는 것이다.

부목사를 신뢰하고, 자율성을 주고, 스스로 잘 할 수 있도록 도와주어야 한다는 것이다.

이 외에 위임의 단계에서 최종 리더의 역할은 구성원이 스스로 열심히 일할 수 있는 환경을 조성해주는 것이다. 위임을 했음에도 불구하고 자율적으로 하는 일보다 타율적으로 하는 일이 더 많아서는 안 된다. 일상적인 고정되어 있는 일이 너무 많아서 자율적으로, 창의적으로 할 수 있는 일의 범위가 너무 없어서도 안 된다. 자율적으로, 창의적으로 할 수 있는 일의 범위가 고정되어 돌아가는 일의 범위보다 훨씬 커야 한다. 따라서 위임의 단계까지 왔을 경우에는 조직이 단지 현상 유지를 하는 것이 아니라, 새롭게 도약하고 창의적으로 발전하기 위한 단계라고 보는 것이 옳다.

교회 안의 예를 들어보자. 교회 안에서 부목사가 여러 명 있는 경우에 담임목사는 부목사마다 다른 인사행정의 단계를 적용할 수 있다. 갓 들어온 부목사의 경우에는 '자리 및 업무배치'의 단계일 수 있고, 들어온 지 좀 지난 부목사의 경우에는 '업무 추진'의 단계일 수도 있다. 어떤 부목사는 '조정'의 단계일 수도 있다. 그리고 오랜 시간 담임목사와 호흡을 맞추고 전적으로 신뢰하게 된 부목사의 경우는 '위임'의 단계에 있을 수 있다. 위임의 단계까지 나아간 부목사에게는 기존의 고정되어 돌아가는 일보다 교회 비전 아래 새로운 일, 창의적인 일을 만들어서 감당할 수 있도록 자율성을 주는 것이 중요한 것이다.

이상의 인사행정의 단계를 잘 밟아나가면서 교회가, 기독교 학교가 인사에 어려움을 겪지 않고, 더 성장하고 성숙하며 사회에서 인정을 받는 기관들이 되기를 간절히 소망한다. 더 나아가 교회와 기독교 학교가 사회의 여러 기관들에게 인사행정의 모범을 보이고, 인사행정을 선도하며 모델을 제시할 수 있기를 간절히 소망한다. 마지막으로 교회 안의 담임목사가, 기독교 학교 안의 교장이 하나님의 뜻과 시대적 상황과 구성원들의 상황에 맞는 적절한 인사행정 리더십을 발휘하면서 한국교회가, 한국의 여러 기독 사립학교들과 기독 대안학교들이 건강하게 발전할 수 있기를 간절히 소망한다.

참고문헌

· 김봉환 외 7인. 진로교육개론. 서울: 사회평론아카데미, 2017.

· 김성중. "신학교 진로교육을 위한 멘토링 프로그램에 관한 연구." 선교와 신학. 제39집 (2016), 47-81.

· 김성중. 기독교교육행정학의 이론과 실제 (개정판). 서울: 민영사, 2018.

· 김성중. 사춘기 자녀 웃으며 키우기. 서울: 두란노, 2020.

· 신명희 외 3인. 교육심리학의 이해. 서울: 학지사, 1998.

· 조동헌 외 9인. 진로교육학개론. 서울: 교육과학사, 2019.

부록 I

교육행정 전반에 관한 서적

- 주삼환 외. 교육행정 및 교육경영. 서울: 학지사, 2015.
- 김지은. 교육행정 및 교육경영. 서울: 동문사, 2013.
- 한유경 외. 교육행정 및 교육경영. 서울: 학지사, 2018.
- 김희규 외. 교육행정 및 교육경영. 서울: 학지사, 2019.
- 신현석 외. 학습사회의 교육행정 및 교육경영. 서울: 학지사, 2015.
- 안병환 외. 교육행정 및 교육경영. 서울: 공동체, 2008.
- 박병량, 주철안. 교육행정 및 교육경영. 서울: 학지사, 2012.
- 오만록. 교육행정 및 교육경영. 서울: 정민사, 2015.
- 안병환 외. 교육행정 및 교육경영. 서울: 동문사, 2016.
- 김규태 외. 교육행정 및 교육경영. 서울: 양서원, 2014.
- 남정걸. 교육행정 및 교육경영. 서울: 교육과학사, 2015.
- 유평수 외. 교육행정 및 교육경영. 서울: 공동체, 2014.
- 안암교육행정학연구회. 학교중심의 교육행정 및 교육경영. 서울: 박영스토리, 2018.
- 최종진 외. 현대 교육행정 및 교육경영. 서울: 양서원, 2016.
- 최미리, 강봉규. 새로운 교육행정 및 교육경영. 서울: 태영출판사, 2013.
- 손영환, 신수균. 교육행정 및 교육경영. 서울: 동문사, 2018.
- 김규태 외. 현장중심 학습지원을 위한 교육행정 및 교육경영. 서울: 양성원, 2017.

· 장택현. 교육행정 및 교육경영. 서울: 교육과학사, 2005.

· 황영준, 안미화. 교육행정 및 교육경영. 서울: 양서원, 2019.

· 신재흡. 영. 유아 교사를 위한 교육행정 및 교육경영. 서울: 동문사, 2019.

· 이병환, 장기풍. 교육행정 및 교육경영의 이론과 실제. 서울: 태영출판사, 2018.

· 장래찬. 교육행정 및 교육경영의 이해. 서울: 태영출판사, 2015.

· 임연기, 최준렬. 교육행정 및 경영 탐구. 서울: 공동체, 2020.

· 김달효. 교육행정 및 교육경영. 서울: 학지사, 2019.

· 진동섭 외. 교육행정 및 학교경영의 이해. 서울: 교육과학사, 2018.

· 장원동. 교육행정 및 교육경영. 서울: 청목출판사, 2009.

· 김한중. 교육행정 및 교육경영 eBook. 서울: 키메이커, 2016.

· 권기욱, 김민희. 교육행정 및 교육경영. 서울: 보현사, 2011.

· 이상섭. 교육행정 및 교육경영. 서울: 형설출판사, 2001.

· 손희권 외. 교육행정 및 교육경영. 서울: 원미사, 2006.

· 전용환. 교육행정 및 교육경영. 서울: 동문사, 2010.

· 김병찬. [사회과학] 교직과목 수업에서 '저널쓰기'의 의미 탐색 : 교육행정 및 교육경영 과목 수업 사례 연구 : 한국교원교육연구 제26권 제1호. 서울: 한국교원교육학회, 2009.

· 유평수. 교육행정 및 경영. 서울: 학이당, 2011.

· 고벽진 외. 현대 교육행정 및 경영. 서울: 교육과학사, 2005.

· 김윤태. 교육행정 경영 및 정책의 탐구. 서울: 동문사, 2000.

· 신재흡. 교육행정 및 교육경영: 학교경영 탐색. 서울: 동문사, 2020.

· 장택현. 교육행정 및 교육경영 신강. 서울: 태영출판사, 2010.
· 안병환 외. 교육행정 및 교육경영. 서울: 청목출판사, 2012.
· 이군현. 교육행정 및 경영:조직이론적 접근. 서울: 형설출판사, 1998.
· 이상기, 옥장흠. 신교육행정 및 교육경영. 서울: 형설출판사, 2010.
· 한공우. 교육행정 및 교육경영. 서울: 동문사, 1995.
· 유향산. 교육행정 및 교육경영. 서울: 세진사, 1987.
· 이득기. 교육행정 및 교육경영. 서울: 태영출판사, 2008.
· 장원동. 교육행정 및 교육경영. 서울: 상조사, 2004.
· 박세훈 외. 교육행정 및 교육경영. 서울: 학지사, 2008.
· 이병환 외. 최신 교육행정 및 교육경영. 서울: 태영출판사, 2012.
· 한공우, 임창원. 교육행정 및 교육경영. 서울: 태영출판사, 2008.
· 김남순. 교육행정 및 교육경영. 서울: 세영사, 1989.
· 권기욱 외. 교육행정 및 교육경영. 서울: 보현사, 2006.
· 이상기, 옥장흠. 교육행정 및 교육경영 신강. 서울: 형설출판사, 2007.
· 곽영우 외. 교육행정 및 교육경영. 서울: 과학과예술, 1993.
· 박인학. 교육행정 및 교육경영. 서울: 대왕사, 1996.
· 이지영. 교육행정 및 교육경영. 서울: 청목출판사, 2010.
· 송미섭 외. 교육행정 및 교육경영. 서울: 형설출판사, 2010.
· 김성렬 외. 교육행정 및 교육경영. 서울: 삼광출판사, 1995.
· 김명한 외. 교육행정 및 경영(신간). 서울: 형설출판사, 1997.
· 김남순. 교육행정 및 경영의 이론과 실제. 서울: 교육과학사, 1997.
· 신철순. 교육행정 및 경영. 서울: 교육과학사, 1998.
· 김정한 외. 교육행정 및 경영의 이해. 서울: 형설출판사, 2004.

· 박종렬 외. 신 교육행정 및 경영. 서울: 형설출판사, 2007.

· 정일환 외. 교육행정 및 교육경영(개정2판). 서울: 대구효성가톨릭대학교출판부, 1999.

· 김창걸 외. 교육행정 및 교육경영의 이론과 실제의 탐구. 서울: 형설출판사, 2001.

· 김창걸 외. 교육행정학 및 교육경영(개정판). 서울: 형설출판사, 1989.

· 김용주 외. 학교 및 학급경영의 이해. 서울: 양서원, 2006.

인사행정에 관한 서적

· 오석홍, 인사행정론, 서울: 박영사, 2016.

· 정일섭, 한국인사행정론, 서울: 윤성사, 2018.

· 김선정, 한국인사행정론, 파주: 한국학술정보, 2010.

· 김정인, 인간과 조직, 서울: 박영사, 2018.

· 이창길, 인적자원행정론, 서울: 법문사, 2019.

· 임도빈 외, 인사행정론 : 정부경쟁력의 관점에서, 서울: 박영사, 2019.

· 백종섭 외, 인사행정론, 서울: 창민사, 2018.

· 최무현, 한국 인사행정: 이론과 실제, 서울: 소통과공감, 2013.

· 한만봉, 교육인사행정, 파주: 한국학술정보, 2010.

· 윤재선 외, 지방정부의 조직. 인사혁신론, 춘천: 한림대학교출판부, 2007.

· 김남진, 노무행정자료(2017년 상반기), 서울: 중앙경제, 2017.

· 서정화 외, 교육인사행정론, 파주: 교육과학사, 2011.

· 최무산, 교직실무(2020), 서울: 한수, 2020.

· ROBERT M. GUION 외, 인사선발 및 평가, 서울: 시그마프레스, 2010.
· 제롬 카라벨, 누가 선발되는가: 역사편, 파주: 한울, 2011.
· 제롬 카라벨, 누가 선발되는가: 사례편, 파주: 한울, 2010.
· WAYNE J. CAMARA 외, 입학사정관과 학생 선발(입학사정관 교육필독서), 서울: 학지사, 2009.
· 이홍민, 평가센터(Assessment Center), 서울: 중앙경제, 2015.
· 최승규, 10년 성장을 위해 면접의 판을 바꿔라, 서울: 바른북스, 2020.
· 주경일, 한국관료제 인사행정학체제의 이해, 파주: 경세원, 2006.
· 서상원, 인사행정, 서울: 이담북스, 2009.
· 하영목 외, 핵심인재를 선발하는 면접의 과학, 서울: 맑은소리, 2007.

외국 서적

· Bass, B. (1990). *Bass & Stogdill' s handbook of leadership*(3rd ed.). New York: Free Press.
· Bernard, H. W., & Fullmer, D. W. (1977). *Principles of guidance*. New York: Harper & Row Publishers.
· Bogue, E. G. et al. (2000). *Readings on leadership in education*. Bloomington, IL: Phi Delta Kappa Educational Foundation.
· Burke, R. R. (1984). *Communicating with students in schools*. Lanham, MD: University Press of America.
· Burns, J. M. (1978). *Leadership*. New York: Harper & Row.
· Cuban, L. (2001). *How can I fix it? : Finding solutions and managing dilemmas* : An educator's road map. New York: Teachers College

Press.

· Davies, B. (2007). *Developing sustainable leadership*. London: Sage Publications.

· Dessler, G., & Starke, F. A. (2004). *Management: Principles and practices for tomorrow's leaders*. Upper Saddle River, NJ: Pearson Prentice Hall.

· Fowler, F. C. (2013). *Policy studies for educational leaders: An introduction*(4th ed.). Boston, MA: Allyn & Bacon.

· Gardner, J. (1990). *On leadership*. New York: The Free Press.

· Goodwin, B., Englert, K., & Cicchinelli, L. F. (2003). *Comprehensive accountability systems: A framework for evaluation*. Aurora, CO: Mid-Continent Research for Education and Learning.

· Gorton, R. A. (1980). *School administration and supervision: Important issues, concepts, and case studies*(2nd ed.). Dubuque, IA: Wm. C. Brown Company Publishers.

· Greenfield, W. (1987). *Instructional leadership—Concepts, issues, and controversies*. Boston, MA: Allyn & Bacon.

· Haiman, F. S. (1951). *Group leadership and democratic action*. Cambridge, MA: Houghton Mifflin Co.

· Haller, E. J., & Strike, K. A. (1986). *An introduction to educational administration*. New York: Longman Inc.

· Hersey, P., & Blanchard, K. (1977). *Management of organizational behavior*. Englewood Cliffs, NJ: Prentice.

· Hoy, A. W., & Hoy, W. K. (2009). *Instructional leadership: A research-based guide tolearning in schools*(3rd ed.). Boston, MA: Allyn & Bacon.

· Hoy, W. K., & Miskel, C. G. (2013). *Educational administration: Theory, research, and practice*(9th ed.). New York: McGraw-Hill.

· Hoy, W. K., Tarter, C. J., & Kottkamp, R. B. (1991). *Open schools/healthy schools: Measuring organizational climate*. Beverly Hills, CA: Sage Publications.

· Jacobson, S. L., Hickcox, E. S., & Stevenson, R. B. (1996). *School administration: Persistent dilemmas in preparation and practice*. Westport, CT: Praeger Publishers.

· Jung, C. H. (1998). *The introduction of public administration*. Seoul: Bupmunsa.

· Kouzes, J., & Posner, B. (1995). *The leadership challenge*. San Francisco, CA: Jossey-Bass.

· Lee, S. G. et al. (2010). *The principles of public administration*. Seoul: Pides.

· Leithwood, K. et al. (2006). *Successful school leadership: What it is and how it influences pupil learning*. Nottingham: University of Nottingham.

· Lewis, P. V. (1996). *Transformational leadership*. Nashville, TN: Broadman & Holman Publishers.

· Marzano, R. J., Waters, T., & McNulty, B. A. (2005). *School leadership that works: From research to result*. Alexandria, LA: ASCD.

· Miklos, E., & Ratsoy, E. (1992). *Educational leadership: Challenge and change*. Alberta: University of Alberta.

· National Foundation for the Improvement of Education. (2005). *Using data about classroom practice and student work to improve professional development for educators*. Washington, DC: National Foundation for the Improvement of Education.

· Northouse, P. (2004). *Leadership theory and practice*. Thousand Oaks, CA: Sage Publications.

· Palestini, R. H. (1999) *Educational administration—Leading with mind and heart*. Lancaster, PN: Technomic Publishing Company, Inc.

· Pawlas, G. E., & Oliva, P. F. (2008). *Supervision for today's schools* (8th ed.). Hoboken, NJ: John Wiley & Sons, Inc.

· Piltch, B., & Quinn, T. (2011). *School leadership*(2nd ed.). Lanham, MD: Rowman & Littlefield Publishers, Inc.

· Robinson, V. M. J. (2006). Putting education back into educational leadership. *Leading & Managing*, 12(1), 62-75.

· Rost, J. (1993). *Leadership for the twenty-first century*. Westport, CT: Praeger.

· Salomon, G. (1981). *Communication and education—Social and psychological interactions*. Beverly Hills, CA: Sage Publications.

· Senge, P. M. et al. (2007). *Educational leadership*. San Francisco, CA: John Wiley & Sons.

· Stogdill, R. M. (1974). *Handbook of leadership*. New York: Free Press.

· Thomson, S. D. (1992). *School leadership*(Ed.). Newbury Park, CA: Corwin Press.

· U.S. Army. (2008). *Foundations of leadership MSL II* (Ed.). New York: Pearson Custom Publishing.

· Yukl, G. (2002). *Leadership in organizations*(5th ed.). Upper Saddle River, NJ: Prentice.

부록 2

현재의 담임목사 모집 공고

※현재 대부분의 부교역자 모집 공고는 너무나 간단해서 담임목사 모집 공고를 실음

1. S 시 S 교회

(1) 자격

〈1〉 연령: 만 45세 ~ 55세 미만

〈2〉 학력: 신학대학(일반대학) 졸업 후 ~ 교단 신학대학원 졸업자

〈3〉 경력: ~ 교단 목사안수 후 목회사역 7년 이상인 자(휴직 기간 제외)

〈4〉 대한민국 국적의 기혼자로 교단 헌법과 사회법에 무흠인 자

(2) 제출서류

〈1〉 청빙지원서

〈2〉 자기소개서(본인, 배우자)

〈3〉 목회계획서(목회철학 및 비전)

〈4〉 주민등록등본 및 가족관계증명서

〈5〉 학력증명서

〈6〉 목사안수증명서 및 교단(노회) 소속증명서

〈7〉 추천서(시무교회 위임목사)

〈8〉 시무교회 주보 (4주분)

〈9〉 개인정보 수집이용 동의서

(3) 제출기한:

(4) 전형 방법

〈1〉 1차 서류심사

〈2〉 2차 면접 및 설교 동영상 심사

〈3〉 3차 심층 면접 및 본 교회 설교

(5) 보낼 곳:

(6) 참고사항

〈1〉 봉인된 등기우편으로만 제출("청빙서류 재중" 기재)

〈2〉 제출된 서류는 비밀을 보장하며 반환하지 않음(청빙종료 후 폐기)

〈3〉 단계별 청빙심사 결과는 개별통지하며 추가서류 요구할 수 있음.

〈4〉 청빙관련 문의는 이메일로만 가능, 전화 등 사적 문의는 불가

〈5〉 해외체류자 청빙지원은 위 이메일로 제출 가능

2. S 시 T 교회

(1) 지원 자격

〈1〉 연령: 만 35세 ~ 만 55세

〈2〉 학력: 4년제 대학졸업 후 ~ 교단 신학대학원 신학과(M. Div) 이상 졸업한 분

〈3〉 경력: ~ 교단 목사안수 후 공고일 기준 목회경력 5년 이상인 분 (부목사 포함)

〈4〉 기타 : 대한민국 국적 소지자로서 교단법과 사회법에 무흠한 분

(2) 전형 방법

〈1〉 1차: 서류심사

〈2〉 2차: 설교 동영상

〈3〉 3차: 면담

〈4〉 4차: 설교

(3) 제출 서류

〈1〉 지원서 (본 교회 소정양식)

〈2〉 대학 및 대학원 졸업증명서

〈3〉 교단(노회)소속 증명서(노회재직증명서)

〈4〉 시무교회 주보 (최근 1개월분)

〈5〉 자기소개서 및 배우자 자기소개서 (본 교회 소정양식)

〈6〉 목회계획서 (본 교회 소정양식)

〈7〉 추천서 1통 (본 교회 소정양식)

〈8〉 개인정보의 수집 및 이용 동의서 (본 교회 소정양식)

(4) 제출 기한:

(5) 제출 방법: 전자우편으로만 접수함

(6) 제출양식 : 용량제한으로 PDF 파일로만 접수 받습니다.

(7) 참고사항

〈1〉 제출 서류(1차) 중 각종 증명서는 원본을 스캔하여 전자우편으로만 받습니다.

〈2〉 제출 서류 및 면담 내용이 허위로 판명되거나, 설교 내용이 표절로 밝혀지면 청빙은 취소됩니다.

〈3〉 1차 서류 심사 통과자에게만 개별 통지하며, 2차 심사에 대한 서류와 자료 제출을 별도 안내합니다.

〈4〉 제출 서류는 청빙 자료로만 사용되고 비밀을 보장하며 반환하지 않고 폐기합니다.

〈5〉 청빙과 관련된 문의는 전화로 받지 않고 e-mail로만 받습니다.

3. U 시 H 교회

(1) 지원 자격

〈1〉 연령: 제한 없음

〈2〉 학력: ~ 교단 신학대학원 졸업자

〈3〉 경력: 제한 없음

〈4〉 기타: 교단법과 사회법에 무흠한 자

(2) 제출 서류

〈1〉 이력서(가족관계/학력/경력)

〈2〉 자기소개서(목회 소명과 비전)

〈3〉 추천서(동기나 선배, 은사)

〈4〉 설교영상(음성 녹음 가능) 또는 설교원고 1편

(3) 제출 기한:

(4) 제출 방법

〈1〉 우편:

〈2〉 이메일:

(5) 참고사항

〈1〉 제출된 서류는 절대 비밀을 보장하며, 반환하지는 않습니다. 청빙 과정이 마치면 폐기합니다.

〈2〉 1차 서류 검사 후, 2차 심사 대상자(면접과 설교)에게만 개별적으로 연락합니다.

〈3〉 2차 심사 대상자에게는 추가 서류를 요청합니다.

① 주민등록등본 및 가족관계증명서

② 신학대학원 졸업증명서 및 학위증명서(석, 박사 학위가 있을 경우)

③ 목사안수증명서 및 노회소속증명서

〈4〉 제출된 서류가 사실과 다른 경우에는 최종 결정 후에도 취소할 수 있습니다.

4. D 시 S 교회

(1) 교회 현황

〈1〉 교회창립:

〈2〉 주일출석교인:

〈3〉 홈페이지:

(2) 지원 자격

〈1〉 연령: 만 40세 ~ 만 55세

〈2〉 학력: ~ 교단 신학대학원(M. Div)을 졸업하고 목사안수를 받은 자

〈3〉 경력: 목사안수 후 담임목사 혹은 부목사 경력 5년 이상인 자

〈4〉 2종 보통 이상의 운전면허 소지자

(3) 제출서류

〈1〉 자필 이력서

〈2〉 자기 및 가족 소개서

〈3〉 주민등록 등본 및 가족관계증명서

〈4〉 최근 설교동영상 1편이 담긴 CD 혹은 USB 1매

(4) 서류제출기간:

(5) 서류제출처:

– 서류는 등기우편으로만 접수합니다. (봉투에 “청빙서류 재중” 표시)

– 제출된 서류는 이 청빙건 이외에는 사용되지 않으며 일체 반환하지 않습니다.

5. S 시 J 교회

(1) 지원자격

〈1〉 연령: 만 40세 이상

〈2〉 학력: 4년제 대학 졸업 후 ~ 교단 신학대학원(M. Div) 이상 졸업 한 분

〈3〉 경력: ~ 교단 목사 안수 후 공고일 기준 교회사역 7년 이상 된 분 (부목사 포함)

〈4〉 교단법과 사회법에 무흠한 분

(2) 절차

〈1〉 1차 서류전형

〈2〉 2차 면접

〈3〉 3차 심층면접

(3) 1차 서류전형 제출서류

〈1〉 소정양식(이력 및 경력사항 포함)

〈2〉 자기소개서(목회동기, 철학, 비전, 크고 작은 성공체험, 바람직한 교회상 등)

〈3〉 대학졸업증명서, 신학대학원 학위증명서

〈4〉 목사안수증명서, 노회 소속증명서

〈5〉 본인 및 사모 가족관계 증명서

〈6〉 추천서 2부 (목사 추천서 최소 1부 포함)

〈7〉 주보 (현 시무교회 최근 4주분)

〈8〉 개인정보 이용 동의서

〈9〉 설교 파일 2개 (동영상)

(4) 2차 면접 제출서류

〈1〉 본 교회 지정설교 ~ 본문에 대한 설교원고

〈2〉 건강진단서 (본인 및 배우자, 공단 건강검진 결과지)

〈3〉 목회계획서

(5) 제출기한 및 방법

〈1〉 1차 서류 제출마감:

〈2〉 제출처:

(6) 참고사항

〈1〉 제출서류는 우체국 등기우편으로만 접수합니다.

〈2〉 서류봉투에 "담임목사 청빙서류 재중"이라고 기재해 주시기 바랍니다.

〈3〉 제출된 모든 서류는 비밀을 보장하고 일절 반환하지 않으며 청빙 과정이 마치면 폐기합니다.

〈4〉 제출된 서류가 사실과 다른 경우에는 최종 결정 후에도 청빙을 취소할 수 있습니다.

부록 3

현재의 기독교 학교 교사 모집 공고

(대안학교)

1. G 시 D 중 · 고등학교 과학 교사 모집

G 시 D 중·고등학교에서 다음과 같이 교사를 모시고자 합니다. 세상을 살리는 하나님의 일꾼을 키우는 귀한 사역에 많은 지원을 부탁드립니다.

(1) 모집 과목: 중, 고등 과학(통합과학 지도 가능한 자 우대)

(2) 계약 기간:

(3) 지원 자격

〈1〉 크리스천 교사(세례교인)

〈2〉 교사자격증 보유자

〈3〉 현장 지도 경력 있는 자 우대

〈4〉 기독 교사 훈련과정 이수자 우대

〈5〉 남자의 경우 병역을 마쳤거나 면제된 자

(4) 제출 서류

〈1〉 이력서, 자기소개서 1부(학교 지정 양식 사용)

〈2〉 교사자격증 사본 1부

〈3〉 대학 및 최종 학교 졸업증명서 사본 1부

〈4〉 세례교인 증명서 1부

(5) 모집 기한:

(6) 접수 방법

〈1〉 제출서류는 이메일으로만 받습니다.

〈2〉 제출서류는 반환하지 않습니다.

〈3〉 제출서류에 기재된 사항이 사실과 다를 경우 합격을 취소합니다.

(7) 전형 방법

〈1〉 1차: 서류 전형 - 합격자에 한해 개별 통보

〈2〉 2차: 면접 및 수업 시연(수업지도안은 약식으로 준비) / 시간은 개별 통보

〈3〉 3차: 이사장 면접 – 2차 합격자에 한해 개별 통보

(8) 학교 위치:

(9) 기타 문의 사항은 이메일로만 받습니다.

2. Y 시 S 학교 수학 교사 모집

Y 시 S 학교에서 근무하실 유능한 교사를 채용하고자 다음과 같이 공고합니다.

(1) 응모과목: 수학

(2) 응모자격

〈1〉 교육공무원 임용에 결격사유가 없는 분

〈2〉 기독교 세례교인

〈3〉 기독교교육에 관심 있는 분

〈4〉 각 과목 교육학과, 교육학 전공 (교원 자격증 필수)

(3) 전형 방법

〈1〉 1차: 서류전형 (이메일 또는 우편접수)

〈2〉 2차: 심층면접 및 수업시연(1차 전형 합격자에 한함)

〈3〉 합격자 발표: 1, 2차 합격자 모두 개별 통지함

(4) 제출 서류

〈1〉 지원서 1매

〈2〉 최종학교 졸업증명서 및 성적증명서 각 1부

〈3〉 교원자격증(교원자격증 발급 예정 증명서) 사본 1매(자격증 소지 한함)

〈4〉 담임목사 추천서 1매

〈5〉 자기소개서 1부

〈6〉 신앙고백서 1매

〈7〉 주민등록등본(3개월 이내 발급분)

〈8〉 경력증명서(경력자에 한함) 각1부.

〈9〉 기타 자격증 소지자는 자격증 사본 1부

(5) 접수 기간:

(6) 접수처:

(7) 기타

〈1〉 제출 서류는 일체 반환하지 않음.

〈2〉 연락처를 반드시 기재할 것.

〈3〉 제출된 서류에 기재된 사항이 사실과 다를 경우에는 합격 취소 또는 계약을 해지함.

〈4〉 최종합격 후 채용신체검사 및 신원조사 그리고 성범죄 조회 결과 결격사유가 발생하였을 경우 합격을 취소함.

3. Y 시 E 초등학교 교사 모집

Y 시 E 초등학교에서 성경적 세계관을 기초로 한 기독교교육을 통해 성도의 자녀를 '섬기는 예수 제자'로 기르는 다음 세대 사역에 동역할 교

직원을 채용합니다.

(1) 지원 자격

〈1〉 세(침)례 받은 그리스도인으로 구원의 확신이 있고 교회 봉사 3년 이상하신 분

〈2〉 기독교 세계관에 입각한 기독교교육에 소명이 있으신 분

〈3〉 예수님의 마음으로 학생들을 사랑하며 섬기실 분

〈4〉 채용분야에 따른 전공

: 관련학과 4년제 대학 졸업자 또는 해당 분야 경력자로서 초, 중등 교원자격증 소지자

(2) 처우 및 임용 기간

〈1〉 처우: ~ 선교회 급여 기준

〈2〉 임용 기간:

(3) 제출 서류

〈1〉 지원서 및 자기소개서(양식 홈페이지 별도첨부)

〈2〉 출석교회 담임(당)목사의 추천서(양식 홈페이지 별도첨부, 우편 또는 인편 제출)

〈3〉 Q. T. : 3일간 아래의 본문을 묵상하여 제출

– 1일차〈창15:1~11〉, 2일차〈시63:1~11〉, 3일차 〈요15:1~8〉

〈4〉 주제글: 초등 교육과정을 어떻게 기독교 세계관으로 가르칠 것인가? 또는 자신의 교육관

〈5〉 독후감 (택 1): 해당 도서

〈6〉 추가서류(서류전형 통과 후 면접 시 제출)

– 필수: 주민등록등본, 대학 및 대학원 성적증명서, 자격증 사본

– 선택: 경력증명서

(4) 전형 일정

〈1〉 서류접수: ~ 까지 이메일로 제출<추천서는 우편 또는 인편 제출>

〈2〉 서류전형발표: ~ 이후 합격자에 한해 개별통보

〈3〉 면접 및 시범수업: ~ 중 하루

– 면접, 시범수업 일자와 시간, 시범수업 주제는 서류합격자에 한해 개별 통보

〈4〉 최종합격자발표: ~ 이후

(5) 문의 및 접수처: 추천서를 제외한 모든 양식은 이메일로만 접수를 받습니다.

〈1〉 이메일:

〈2〉 주소:

4. Y 시 S 중, 고등학교 수학 교사 모집

Y 시 S 중, 고등학교는 기독교교육에 소명과 열정을 갖고 있는 기독 교사를 다음과 같이 모집합니다.

(1) 모집 분야: 수학

(2) 인원: 1명

(3) 근무 형태:

(4) 근무 기간:

(5) 지원 자격

〈1〉 기독교 세례(침례)인으로서 해당과목의 교사자격증 소지자.

〈2〉 기독교 세계관과 기독교교육에 관심을 가지고 계신 선생님.

〈3〉 좋은교사운동에서 활동하고 계신 기독교사 우대.

(6) 전형 일정

〈1〉 서류접수:

〈2〉 접수 방법: 이메일

〈3〉 서류전형 합격자 발표: ~ 이후 개별적으로 안내

〈4〉 시범수업 및 면접:

- 시범수업 및 면접 시간은 개별적으로 연락을 드립니다.
- 면접 시, 개인 포트폴리오를 반드시 2부씩 준비해 주세요.

(7) 제출 서류 (반환하지 않습니다)

〈1〉 교사지원서 및 자기소개서(첨부파일 양식에 따라 분량은 자유)

〈2〉 독후감: 해당 도서

〈3〉 출석교회 담임 목사님의 추천서(소속 교단 기입, 특정한 양식 없음) 및 교회 주보

〈4〉 주민등록등본

〈5〉 대학 및 대학원 졸업증명서, 성적증명서

〈6〉 교원자격증 사본

〈7〉 경력증명서(해당자에 한함)

〈8〉 각종 자격증명서(해당자에 한함)

〈9〉 포트폴리오 2부

- 포트폴리오는 현재까지의 기독 교사로서 활동한 다양한 교육활동의 과정을 담습니다. 기독 교사의 삶이란 교사로 부르신 전문성과 영성을 모두 포괄한 교사의 삶을 말하며, 주님 안에서 좋은 교사로 살았던 모든 흔적을 포트폴리오에 담으시면 됩니다.

- 배운 자료, 연수받았던 자료, 수업일지, 담임교사로 했던 활동, 방과 후 활동자료, 학습캠프나 봉사활동지도 경험, 새로 개발한 연구수업자료, 교재개발자료, 학생들과의 동아리활동자료, 진로지도경험, 학생생활지도경험, 신앙동아리활동, 대회활동결과물, 수상실적, 교육청관련 활동위임장, 교사동아리활동자료, 저술활동자료, 아이들과 함께한 다양한 활동사진 등을 자유롭게 구성하시면 됩니다.
- 제출 서류 중 <1>~<2>번은 첨부파일 양식대로 작성 후 이메일로 서류접수 기한 내 제출
- 제출 서류 중 <3>~<9>번은 1차 서류전형 합격자에 한해서 시범수업 및 면접 시 제출

(8) 기타 문의사항

<1> 이메일:

<2> 전화:

<3> 담당:

5. I 시 S 학교 초· 중등과정 과학 교사 모집

I 시 S 학교는 하나님의 영광을 위하여 예수의 제자들을 길러내는 배움 공동체로 소명의식을 가지고 열정과 헌신으로 기독교 대안교육을 함께 실천할 교사를 아래와 같이 모집합니다.

(1) 모집 분야: 초·중등과정 과학교사 1명

(2) 지원자격

<1> 기독교 대안교육에 헌신할 뜻이 있는 교사

〈2〉 중등 2급 정교사자격 보유자

〈3〉 교육 경력자 또는 교육대학 및 사범대학 졸업 예정자

〈4〉 교육공무원 임용기준에 적합한 자

(3) 근무 조건 및 급여 수준: S 학교 교사 처우 기준에 의함

(4) 제출서류

〈1〉 이력서(본교 양식)

〈2〉 자기소개서(본교 양식)

〈3〉 교원 자격증 사본

〈4〉 대학 졸업(예정) 증명서 및 성적 증명서

〈5〉 출석교회 등록 확인서(면접 시 지참)

〈6〉 경력증명서 및 기타 자격증(면접 시 지참)

〈7〉 출석교회 담임/담당자 추천서

〈8〉 주민등록등본

(5) 서류제출 마감 방법

〈1〉 접수 마감:

〈2〉 직접 제출: S 학교 행정실

〈3〉 이메일 접수:

〈4〉 우편 접수:

(6) 전형 일정

〈1〉 1차 서류 합격자 발표: 개별 연락

〈2〉 2차 수업 시연 및 심층 면접: 별도 공지

〈3〉 최종 합격자 발표

※ 전형과정의 개별 연락은 합격자에 한하여 드립니다.

(7) 기타 사항

〈1〉 우편접수 시 마감 당일 17:00까지 도착한 서류까지 유효합니다.

〈2〉 제출하신 서류는 반환하지 않으며, 사실과 다를 경우 채용이 취소 될 수 있습니다.

(기독 사립 중·고등학교)

1. S 시 B 고등학교 윤리 교사 모집

최고의 실력을 갖춘 유능한 선생님을 초빙합니다.

(1) 채용 교과 및 인원: 윤리 1명

(2) 채용기간:

(3) 자격

〈1〉 본교의 건학이념인 '기독교의 신앙심에 바탕을 둔 섬김의 리더 양성' 을 구현할 분

〈2〉 교사 임용에 결격사유가 없는 분

〈3〉 남자는 병역을 필한 분

〈4〉 진학지도 경험 교사 우대함

(4) 제출서류

〈1〉 응시원서 〈사진첨부〉 (본교 양식) 1부

〈2〉 자기소개서 및 교육계획서 (본교 양식) 각1부

〈3〉 교원자격증 사본 1부

〈4〉 대학교 성적증명서 1부 (석차 기재)

〈5〉 고등학교 생활기록부 사본 1부

〈6〉 개인정보 수입 및 이용 (제3자 제공) 동의서 1부

(5) 제출처:

(6) 제출기한:

(7) 전형 방법

〈1〉 1단계: 서류 전형

〈2〉 2단계: 면접 및 시강 (대상자 개별 통지)

〈3〉 3단계: 학교장 면접

(8) 기타

〈1〉 발표는 개별 통지합니다.

〈2〉 채용 요건에 부합하지 않는 경우 선발하지 않을 수 있습니다.

〈3〉 채용 과목과 인원은 학교 사정에 따라 변경될 수 있습니다.

〈4〉 응시자가 제출한 서류는 「채용절차의 공정화에 관한 법률」 제11조에 따라 최종합격자를 발표한 날 이후 14일부터 60일까지 반환을 청구할 수 있으며, 기한 내 반환 청구하지 않는 경우는 「개인정보보호법」에 따라 파기 됩니다.

2. C 시 I 중학교 기술 가정 교사 모집

C 시 I 중학교는 기독교 정신의 건학이념을 바탕으로 미래 인재를 육성하는 학교로서 교사 채용 시행 요강을 다음과 같이 공고합니다.

(1) 선발예정과목 및 인원: 기술 가정 1명

(2) 근무조건

〈1〉 신분: 교육공무원이 아닌 계약제 교사 신분으로 계약 기간 만료 후 고용 관계 소멸

〈2〉 근무 계약기간:

〈3〉 보수 및 복무: 교육공무원 보수규정 및 계약제 교사 운영 지침을

준용하여 적용

(3) 응시 자격 및 우대 조건

〈1〉 선발예정 표시과목의 중등학교 2급 정교사 이상 교원자격증 소지자 및 부전공 표시과목 교원자격증 소지자

〈2〉 남자는 병역필 또는 면제자

〈3〉 교육공무원 임용에 결격사유가 없는 자

〈4〉 장애인 우대 ☞ 장애인복지법 제2조 및 제32조에 해당하는 등록장애인 또는 국가유공자 등 예우 및 지원에 관한 법률 시행령 제14조 제3항에 따른 상이등급 기준에 해당하는 자

〈5〉 임용 상한 연령: 만 62세

〈6〉 응시 자격 제한: 다음 각호의 어느 하나에 해당하는 자는 응시할 수 없음

- 「교육공무원법」 제10조의3(채용의 제한) 제1항에 해당하는 자
- 「교육공무원법」 제10조의4(결격사유) 각호의 어느 하나에 해당하는 자
- 「교육공무원 임용령」 제11조의4(부정행위자에 대한 조치) 제1항 및 제2항 해당자
- 「국가공무원법」 제33조 각호의 어느 하나에 해당하는 사람
- 「아동 청소년의 성 보호에 관한 법률」 제56조(아동 청소년 관련 교육기관 등에의 취업제한등) 제1항에 해당하는 자
- 「아동복지법」 제29조의3(아동관련기관의 취업제한 등) 제1항에 해당하는 자
- 「부패방지 및 국민권익위원회의 설치와 운영에 관한 법률」 제82

조(비위면직자 등의 취업제한) 제1항에 해당하는 자

– 기타 관계 법규에 의하여 임용결격사유가 있는 자

<7> 응시 자격 제한 결격자 판단 기준일: 최종 시험 시행일

(4) 응시원서 접수 방법

<1> 공고 기간:

<2> 접수 기간:

<3> 접수 장소:

<4> 접수 방법: 방문접수(본인 직접 제출)

<5> 기타: 우편접수는 허용하지 않으며 대리접수로 인한 불이익은 지원자 귀책사유로 함. 단, 대리접수 시 지원자 본인 도장 및 신분증, 대리자 신분증을 지참, 원서 작성은 지원자 본인이 작성하여야 하고 구비서류가 미비된 경우 접수하지 않음.

(5) 제출 서류

<1> 기간제 교사 응시원서 1부

<2> 자기소개서 1부

<3> 개인정보 제공 동의서 1부

<4> 대학교 성적증명서 1부

<5> 교원자격증(복수 및 부전공 자격증 포함) 사본 (원본 제시) 1부

<6> 교직 경력(예정)증명서(해당자, 해외 교육 경력은 공증 후 제출) 1부

<7> 장애인증명서(해당자) 1부

(6) 전형 일정 및 합격자 발표

<1> 1차 시험: 서류 심사

<2> 2차 시험: 수업 시연 및 교직 면접

〈3〉 3차 시험: 최종 면접-법인 면접

(7) 기타

〈1〉 최종 합격자로 확정된 후, 제출된 서류에 기재된 사항이 사실과 다를 경우 임용을 취소할 수 있으며, 제출된 서류는 반환하지 않습니다.

〈2〉 구비서류의 기재 내용 미비, 고의 또는 과실로 사실과 다르게 기재한 서류, 공고된 사항의 불이행, 연락 불능 등으로 인하여 발생된 불이익은 응시자의 귀책사유로 하며, 적격자가 없을 경우에는 최종 합격자를 선발하지 않을 수 있고 결과처리는 학교법인의 결정에 따라야 합니다.

〈3〉 시험 일정과 장소 및 합격자 발표일은 학교 사정에 따라 변동될 수 있습니다. 변동되는 경우에는 학교 홈페이지 공지사항을 통하여 사전 공고합니다. 따라서 시험 전일 학교 홈페이지 공지사항을 반드시 확인해야 합니다.

3. S 시 E 고등학교 국어 교사 모집

(1) 채용 부문: 국어 교사

(2) 자격 요건

〈1〉 교육공무원 임용자격에 결격사유가 없는 자

〈2〉 중등정교사 자격증 소지자 및 취득 예정자

〈3〉 남자는 병역을 필하였거나 면제 받은 자

〈4〉 기독교(천주교 등 포함) 세례(영세) 교인

(3) 제출 서류

〈1〉 자필이력서 1부(본교 양식 출력 후 기재)

〈2〉 자기소개서 1부(본교 양식 기재 후 출력)

〈3〉 교원자격증 사본 1부

〈4〉 ①대학 졸업(예정)증명서 ②성적증명서 각 1부

〈5〉 ①대학원 졸업(예정)증명서 ②성적증명서 각 1부 (해당자만)

〈6〉 ①세례증명서 ②교회출석확인서 각 1부

(4) 접수 및 공고 기간: <우편접수 시 마감일 오후 5시까지 도착분에 한함>

(5) 전형 방법

〈1〉 1차: 서류 심사

〈2〉 2차: 심층 면접(인성 및 전공 수업 능력 평가)

– 대상자는 문자메시지와 학교 홈페이지 공지사항에 올림.

(6) 서류 접수처:

4. S 시 M 고등학교 영어 교사 모집

기독교 신앙을 바탕으로 한 설립정신을 구현하기 위해 다음과 같이 성실 유능한 선생님을 모시고자 합니다.

(1) 초빙 과목 및 채용 인원: 영어 1명

(2) 자격 요건

〈1〉 학교법인의 설립 정신과 설립목적을 구현할 수 있는 자

〈2〉 교육공무원 임용자격에 결격사유가 없는 자

〈3〉 해당 교과 중등 정교사 자격증을 취득하였거나 취득 예정인 자

〈4〉 남자는 병역을 필하였거나 면제된 자

(3) 전형 방법

〈1〉 1차 전형: 필기시험

〈2〉 2차 전형: 교과 시강 및 면접

〈3〉 3차 전형: 심층면접

- 1차 필기시험은 전공 교과 관련 선다형 평가임

(4) 접수 기간:

(5) 제출 서류

〈1〉 임용지원서 및 자기소개서(본교 소정 양식) 1부

〈2〉 교원자격증 사본 1부

〈3〉 개인정보 수집·이용에 대한 동의서 1부.

(6) 제출 방법: 이메일 접수

- 인장 날인 후 스캔하여 제출 서류를 모아 압축파일로 제출
- 제출 파일명은 과목명-지원자 성명-핸드폰 뒷자리
- 이메일 접수 시 반드시 접수확인 답장 메일을 확인하기 바람
- 학교 홈페이지에서 접수자 명단 확인 요망

(7) 전형 일정

〈1〉 1차 필기시험

〈2〉 2차 교과 시강 및 면접시험

- 개인별 교과 시강 및 면접 시간은 1차 합격자 발표 시 안내함

〈3〉 3차 면접시험

- 3차 시험 당일 제출 서류

① 세례교인 증명서 1부(해당자)

② 세례교인 추천서(본교 양식-해당자)

③ 고등학교 생활기록부 1부

④ 대학교(대학원은 해당자) 졸업증명서 및 성적증명서 각 1부

⑤ 기타증빙서류(해당자)

〈4〉 최종합격자 발표: 이사회 의결 후 1주 이내 개별 통보

(8) 전형료: 없음

(9) 기타

〈1〉 복수전공자, 특기지도 및 청소년단체 지도 가능한 선생님 우대

〈2〉 이력서와 자기소개서의 내용이 허위임이 밝혀질 경우 채용이 취소됨

〈3〉 신원조회결과 범죄경력 등 채용결격사유 발견 시 채용이 취소됨

〈4〉 적격자가 없을 경우 채용하지 않을 수도 있음

5. S 시 S 중학교 사회 교사 모집

기독교 건학이념을 바탕으로 글로벌 감각과 창의적 사고력을 갖추고, 후진 양성에 헌신할 교원 공개채용 시행계획을 다음과 같이 공고합니다.

(1) 채용 과목 및 채용 인원: 사회 1명

(2) 응시자격

〈1〉 선발 교과 표시과목의 중등학교 교원자격증 소지자(2급 정교사 이상)

〈2〉 남자는 병역을 필하였거나 면제된 자

〈3〉 본교의 기간제 교원들도 정규교원 선발에 응시할 수 있습니다.

(3) 응시자격 제한: 다음에 해당하는 자는 응시할 수 없음.

〈1〉 국가공무원법 제33조(결격사유) 각호의 어느 하나에 해당하거나 기타 관계법령에 의하여 응시자격을 정지당한 자

〈2〉 교원(사립학교 교원 포함)으로 재직 중 교육공무원법 제10조의3(채용의 제한) 제1항 각호의 어느 하나에 의한 사유로 파면, 해임된 자

〈3〉 교육공무원임용령 제11조의4 제1항 및 제2항 해당자

〈4〉 기타 관계법령에 의하여 임용에 결격사유가 있는 자

(4) 시험 일정 및 시험 장소

〈1〉 1차 전형: 교육학 및 전공 시험, 장소:

〈2〉 2차 전형: 교수학습지도안, 수업 실연, 교과 심층 면접, 1차 전형 합격자 대상, 장소:

〈3〉 3차 전형: 학교장 면접, 2차 전형 합격자 대상, 장소:

〈4〉 4차 전형: 법인 심층 면접, 3차 전형 합격자 대상, 장소:

(5) 응시원서 접수

〈1〉 공고 기간:

- 응시원서 접수 기간 및 방법: 직접방문 및 우편접수

〈2〉 접수 장소: 학교 행정실 (학교약도 및 교통편은 학교 홈페이지에서 확인)

〈3〉 응시 원서 접수 시 유의사항

- 제출된 응시원서는 접수기간 마감 후는 일절 정정할 수 없습니다.
- 구비서류가 미비한 경우는 접수하지 않습니다. (당일제출원칙)
- 대리접수로 발생한 불이익은 응시자의 귀책사유로 합니다.
- 응시자는 본인에게 해당되는 서류를 미리 확인하시기 바랍니다.
- 응시원서의 기재사항을 잘못 표기하여 발생한 불이익은 응시자 귀책 사유이며, 이로 인하여 불합격 사유가 발생할 경우 취득성적 무효 또는 합격을 취소합니다.
- 우편접수 시 행정실로 우편접수 여부를 확인하여 주시기 바랍니다.

(6) 제출 서류

〈1〉 임용지원서(첨부된 본교 양식 출력하여 제출) 1부, 사진 2매

<2> 자기소개서 1부 (A4 2매 이하)

<3> 교원 자격증 사본 1부

<4> 고등학교 생활기록부 사본 1부 (※검정고시자는 검정고시 합격증명서 대체)

<5> 대학교 졸업(예정)증명서 및 성적증명서 (대학교 및 대학원 전 학년) 각 1부

<6> 현직 교사인 경우 재직증명서 1부

<7> 경력증명서 및 기타 자격증 사본(해당자에 한함)

(7) 합격자 발표 일자 및 장소:

(8) 합격자 결정 기준

<1> 제1차 전형 합격자 결정

- 제1차 전형의 성적점수의 고득점자 순으로 합니다.
- 합격자 수는 과목별 선발예정 인원의 7배수로 합니다.
- 합격선에 동점자가 있을 경우 동점자 전원을 합격 처리합니다.

<2> 제2차 수업 실연 합격자 결정

- 제2차 전형의 성적점수의 고득점자 순으로 합니다.
- 합격자 수는 과목별 선발예정 인원의 3배수로 합니다.
- 합격선에 동점자가 있을 경우 동점자 전원을 합격 처리합니다.

<3> 제3차 학교장 면접 및 인성검사 합격자 결정

- 제3차 전형의 성적점수의 고득점자 순으로 합니다.
- 합격자 수는 과목별 선발예정 인원의 2배수로 합니다.
- 동점자가 있을 경우에는 다음 순으로 합니다.

(1순위: 제2차 전형 성적 고득점자, 2순위: 제1차 전형 성적 고

득점자)

〈4〉 제4차 법인 심층 면접 및 인성검사 합격자 결정

- 제3차 전형의 성적점수의 고득점자 순으로 합니다.
- 합격자 과목별 선발 예정 인원으로 합니다.
- 동점자가 있을 경우에는 다음 순으로 합니다.

(1순위: 제3차 전형 성적 고득점자, 2순위: 제2차 전형 성적 고득점자)

〈5〉 이사회 결의 후 7일 이내 최종 합격자 발표

〈6〉 최종합격의 취소: 최종합격자로 결정된 자라도 다음 각호에 해당하는 자는 합격을 취소합니다.

- 응시자격 제한자 또는 임용 결격자
- 졸업예정자로서 합격된 자가 응시과목의 교원자격증을 ~ 때까지 취득하지 못한 자
- 부정행위자
- 각종 증명서류를 위조 변조한 자
- 응시원서 기재 내용과 사실 조회결과 일치하지 않거나 상이한 증명서류 제출자
- 공무원채용신체검사에서 불합격 판정을 받은 자

김성중

1. 학력사항

연세대학교 신과대학 졸업
장로회신학대학교 신학대학원 목회학 석사 졸업
장로회신학대학교 대학원 기독교교육학 석사 졸업
미국 보스턴대학교(Boston University) 신학 석사 졸업
미국 플로리다대학교(University of Florida) 교육학 박사 졸업
미국 하버드대학교(Harvard University) 케네디 스쿨 NGO 전문교육연수 수료

2. 경력사항

前 동안교회 청소년부 전도사, 목사
前 대한민국 공군 군종목사
前 평화교회 교육 협력목사
前 인도네시아 주님의교회 목사
前 플로리다 게인스빌 한인교회 교육목사, 부목사, 청년유학부 목사
前 세광교회 교육총괄 목사, 청년부 목사
前 여전도회전국연합회 계속교육원 강사
前 연세대학교 강사
現 플로리다 게인스빌 한인교회 협동목사
現 서소문교회 청년부 목사
現 전국 청소년수련회, 부흥회, 교사대학 및 세미나 강사
現 한국기독교교육학회 임원
現 다음세대를 위한 번개탄TV 감사
現 코리아바이블로드선교회 이사
現 대한민국교육봉사단 이사
現 두레자연중,고등학교 이사
現 더작은재단 자문교수
現 기독교교육리더십연구소 대표
現 장로회신학대학교 교수

3. 저서

비전을 심어주는 청소년 사역 매뉴얼 (쿰란출판사, 2007)
비전으로 인생을 연주하라 (예영 커뮤니케이션, 2009)
출애굽기, 그 다음은 뭐였더라? (공저, 하늘산책, 2011)
기독교교육행정학의 이론과 실제 (민영사, 2015)
너는 커서 어떤 나무가 될래? (생명의 말씀사, 2016)
교회교육 현장으로 나가다 (공저, 동연, 2016)
2016 대림절 묵상집 "주님을 기다리며" (공저, 동연, 2016)
이 시대에 필요한 기도 트렌드 (민영사, 2017)
제4차 산업혁명시대의 교육목회 (공저, 기독한교, 2017)
(개정판) 기독교교육행정학의 이론과 실제 (민영사, 2018)
청소년 사역자 (공저, 민영사, 2019)
사춘기 자녀 웃으며 키우기 (두란노, 2020)
재난 시대를 극복하는 한국교회 (공저, 킹덤북스, 2020)
코로나19를 넘어서는 기독교교육 (공저, 동연, 2020)

*저자 특강 문의) 이메일: newant99@gmail.com

기독교 학교, 교회에서의 인사행정

지은이 김성중
펴낸날 2021년 4월 1일 초판
펴낸이 김동현
펴낸곳 민영사

주소 서울시 성동구 독서당로 39길 43 1층
전화 (02) 711-1224~5
팩스 (02) 711-1226
등록 2014년 1월 1일 제2014-000001호
Home http://www.minyoungsa.com
E-mail myspub@hanmail.net

값 10,000원
ISBN 979-11-86378-37-3 03230
*잘못 만들어진 책은 교환해 드립니다.